One Team（ワンチーム） × 顧客戦略

なかなか現場に根付かない CRM・CX を、
7つの STEP で定着させる！

齋藤孝太

同友館

はじめに

「顧客戦略」の継続的な成果は、One Team から生まれる。

　顧客戦略が、世に広まるキッカケになった「CRM（カスタマー・リレーションシップ・マネジメント）」、その後登場した「顧客ロイヤリティ戦略」、ここ数年出てきた「CX（カスタマー・エクスペリエンス）戦略」「カスタマージャニー」、「MA（マーケティング・オートメーション）」……。

　2000年以降、数年おきに、さまざまな新しい顧客戦略が登場しています。どうして続々と登場するのでしょうか？ IT環境によって導入が容易になった部分もありますが、**今までの顧客戦略が、多くの導入企業で、一時的な現場の成果に留まってしまい、成果が長続きしないからです。**

　新しい顧客戦略が出始めの頃は新鮮味もあり、注目されます。ただ2年ほど経つと、「売上アップまで行き着かなかった」「導入はしたが現場で動かなかった」「一時的な成果に終わった」等の情報が広まりはじめて、徐々に注目が薄れていきます。

　そして3〜4年後、また新しい顧客戦略が世に出る。そのパターンが繰り返されています。この業界に長くいる人なら誰もが知っていることでしょう。日本の大手企業は人事異動で人が入れ替わるので、導入企業側にいると、あまり感じないかもしれませんが……。

　なぜ、顧客戦略は、現場の成果が長続きしないのでしょうか？その原因はどこにあるのでしょうか？

　まず考えられるのが、採用した顧客戦略が間違っていたのではないか、顧客戦略が自社の課題の解決手段としてふさわしくなかったのではないか

ということですが、多くの場合はここが原因ではありません。

　顧客戦略の目指している事・考え方である「顧客との関係を深めていく」「顧客のロイヤリティを上げていく」「顧客の体験価値を高めていく」「顧客の動き・マインドに合わせて活動を進化させていく」ことは決して間違っていないからです。これまでもこれからも求められていくことです。

　そこで現場の成果が長続きしない原因として浮上してくるのが、「顧客接点の浸透度」です。採用した顧客戦略が正しくても、顧客接点の浸透度が低ければ、現場の成果が長続きしません。「本部の戦略が現場の戦術に落ちていない」「顧客戦略が本部と現場の間で空回りしている、噛み合っていない」という声が挙がっている状況です。

　素晴らしい顧客戦略でも、顧客接点の浸透度が20～30％だと、現場の成果は長続きしません。浸透度を40～50％、そして70～80％まで引き上げることができれば（＝顧客接点を任っている人〈店舗・施設で働いている人、ホームページ・SNS等の担当者等〉が主体的に取り組んでいる状況）、現場の成果が長続きする可能性が一気に高まります。

　では、顧客接点の浸透度をアップさせるために、どんな解決策があると思いますか？　頭の中で複数の解決策が浮かんでいると思いますが、最も大事な事を1つだけ挙げるとしたら、どんな答えになりますか？

　顧客戦略に関わる皆さんに意見をお聞きすると、「ゴールを明らかにすること」「仕組みを創ること」「PDCAを廻すこと」「データを丁寧に分析すること」「KPIを設定して管理すること」「スタッフの意識を高めること」「教育を行き渡らせること」そんな答えが返ってきます。

　どれも正解であり、どれも正解ではありません。その一つひとつの解決策は重要で、実際に本書でも詳しく触れていくのですが、現場の浸透度をアップさせる1つの要素に過ぎません。1つだけ進めても、顧客戦略の顧客接点の浸透度アップは、思ったほどに進みません。

　顧客戦略の「顧客接点における浸透度アップ」で一番大事なのは、経営・本部・顧客接点（＝現場）が１つのチーム（One Team）になって、顧客戦略をノリ良く進めていくことです。これが長年、顧客戦略に関わってきた私の結論です。ゴール設計も、仕組み化も、PDCAも、KPIも、教育も顧客戦略を１つのチームになって進めるための部品です。顧客戦略をOne Teamで進めるという大きな傘の下に入るイメージをお持ちください。

　大事なことは、単に「ゴールを設計する」、「仕組みを創る」「PDCAを廻す」「KPIを設計する」「教育を行う」のではなく、「社内が１つのチームになって進みやすいゴールを設計する」「企業全体として取り組んでいく仕組みを創る」「関わる人が同じ意識を持ってPDCAを廻す」「KPIを設定してみんなで取り組み、それを達成していく」「スタッフ同士が一つのチームになって前に進み、意識を高め合う」「講師側と参加者側が一体感を持って教育プログラムを進める」ことです。
　「顧客戦略に関わる事を１つのチーム（One Team）としてノリ良く進めること」が、「顧客接点の浸透度アップ」に繋がり、結果として「顧客戦略の継続的な現場成果」をもたらします。

　本書は、第１部で顧客戦略の「基本」を整理し、第２部で顧客戦略の「事例」を紹介します。第３部で、１つのチーム（One Team）として顧客戦略を進めていく実務を、「７つのSTEP」で明らかにします。ここが本書のメインなので概要をお伝えします。

STEP1「顧客戦略の全体イメージ共有」

　未来に想いを馳せて、現状を把握した上で、顧客戦略のゴールメッセージを作ります。それを顧客戦略に関わるすべての人（経営層から顧客接点を担う人達まで）に、分かりやすくプレゼンテーションする方法を解説します。顧客戦略の全体が全社的に共有されるSTEPです。

STEP2「顧客戦略の仕組みの見える化」

　顧客戦略をどんな仕組みで動かしていくのか、1枚の図で見える化する方法をお伝えします。顧客戦略全体の仕組みを描いていく過程で、顧客戦略を企業全体として取り組んでいく姿が見えてきます。

STEP3「理想的な顧客感情（行動）の設計」

　カスタマージャーニーの設計と、それをベースにしたカスタマーストーリーを作成するノウハウをお届けします。顧客接点の理想的な姿を設計する中で、プロジェクトメンバーの意識合わせが進みます。プロジェクトメンバーの面々が、プロジェクトチームになっていくSTEPです。

STEP4「顧客戦略の教育プログラム」

　顧客戦略の教育プログラムを構築・展開する上で、大事なポイントをお伝えします。「教育プログラムを企画・展開する本部・プロジェクトメンバー」と「教育の受け手である顧客接点を担う人達」の間に、チーム意識が芽生え、教育が進むに連れて一体感が醸成されていきます。

STEP5「顧客接点の活動実践」

　今の時代にあった活動として、共感活動、共振活動、共有活動を紹介します。顧客接点で実践することで、顧客接点で働く人と顧客の関わりが深まります。

STEP6「顧客接点のチームRPDC」

　顧客戦略の顧客接点における浸透度を高めていくノウハウを、RPDCという流れに沿って解説します。顧客接点のリーダーとスタッフが、1つのチーム（One Team）になって顧客戦略を進めることで、安定した顧客数アップを実現していくSTEPです。

STEP7「顧客戦略の継続的な運用」

　顧客戦略を企業の中で定着させていく方法を紹介します。「人事評価制度との連動」「顧客接点同士の事例共有・コミュニケーション量アップによるチーム意識の向上」「顧客接点のリーダーとスタッフのさらなる関係強化」などです。

　CRM、顧客ロイヤリティ戦略、CX 戦略、カスタマージャニー、MA 等の顧客戦略を導入・運用している企業、これから導入しようとしている企業の経営者・本部スタッフ・実務担当者のために、この本を書きました。

　ぜひ、本書を参考に、顧客戦略が現場で成果を生み、成果が長続きする現実を手に入れていただければ幸いです。

齋藤 孝太

目　次

第1部

顧客戦略の実務の話に入る前に、顧客戦略そのものの理解を深めよう！

顧客戦略の基本

　　顧客戦略の基本を把握する上で欠かせないのが、顧客戦略の背景について理解することです。マーケティング発展の流れ、辿ってきた道を確認することで、顧客戦略が登場した必然性が分かります。

　　顧客戦略を語る中で登場場面が多い「CRM」「顧客ロイヤリティ戦略」「CX戦略」「カスタマージャニー」「MA」などについて説明します。顧客戦略を複雑にしているのは、いろいろな概念があって似通っているからなのですが、その違いを整理します。

　　そして結局、顧客戦略の勘所はどこなのか、その勘所で今、多くの企業はどんな課題を抱えているのかお伝えします。

時代とマーケティング

時代が移り変わる中で、進化を遂げてきたマーケティング

まず、時代と共に求められてきたマーケティングの変遷を紹介します。顧客戦略が登場した事実、重要性が叫ばれている背景を探っていきましょう。

「商品開発・商いの時代」「マス戦略の時代」「顧客戦略の時代」の3つの時代に分けて、戦後から現在までを遡ってお話します。

各時代に登場したメソッドの背景を紹介するのはもちろんですが、現在ではどんな視点で大事になっているのかも触れていきます。

「商品開発・商い」の時代

前期：戦後間もない時期「商品開発」

モノが行き渡っていない時代では、適切な価格で市場に届ける生産力が相まった商品開発力が求められました。

今も商品開発力は、売上をアップさせるために、最も重要なことであることに変わりはありません。いくら顧客戦略が素晴らしくても、商品・サービスが今一歩の場合は、1回目は買ってくれても、2回目以降の継続購入は厳しいのが現実です。

後期：1950年代「マインド（心構え）」

モノが行き渡りはじめると、一定の品質以上の商品の中での戦いになります。顧客を裏切らない、顧客を大事にするというマインド（心構え）が、重要な時代に入っていきました。

マインド（心構え）は、現在、経営理念・クレドなどに引き継がれており、その重要性が増しています。

「マス戦略」の時代
前期：1960年代「流通施策」

　人口が急拡大し、商品を求める消費者が全国津々浦々に数多く存在していました。そんな消費者に商品を届けるルート、流通チャネルを着々と確立していくことが大事でした。家電業界ではパナソニック、化粧品業界では資生堂が全国に取扱店を増やしていき、ダイエー・イトーヨーカドー・洋服の青山などに代表されるチェーンストアが広がりはじめました。今の大手小売チェーンは、この時代に流通を押さえたことが今の基盤になっています。

　流通（どこで買えるか、どのように届けるか）は、今まさに変革の最中です。ヨドバシカメラ・丸井・ビームスといったリアルビジネスを出発点とした企業も、ネットでモノを買える体制を整えています。オムニチャネルが進んでいます。

中期：1970年代「マスプロモーション」

　1960年代に築いた流通基盤をベースに、一度に大量の見込客へ知らせることができるマスプロモーションが、大々的に行われました。大量宣伝・大量生産・流通基盤の3点セットで、マス戦略は盛況を迎えました。この時代はマス戦略がマーケティングの主役でした。

　現在もTV・雑誌などのマスプロモーションは、幅広く、全国規模で知らせるために効率的な方法です。ネット広告は価格が高騰していて、1人の見込客に告知するコストを考えると、マスプロモーションの方がコストが安いことが多くなってきました。今よりもネット広告は増えていきますが、マスプロモーションは今後も重要であり続けるでしょう。

後期：1980年代「マネジメント」

　経済成長率が落ちてきた時代、外（顧客）に向かっていた意識が内（社内）に向かっていきました。売上目標の管理・売上分析などを通じた内部管理・統制が、重要になっていきました。マネジメントの時代が本格的に、はじまりました。

　今は、2020年以降本格化する働き方改革や、労働人口の縮小、若者の意識の変化もあり、マネジメントの仕方は大きな曲がり角を迎えています。

「顧客戦略」の時代

前期：1990年代～「顧客データベース構築」

　この時代からデータ処理スピードのアップ・パソコンの普及が相まって、顧客1人ひとりの情報をデータで管理できるようになりました。この時代のデータベースは、購入履歴の情報でした。マス戦略だけでは売上アップに限界が見えてきた中で、購入金額をベースにしたポイントカード販促が広がっていきました。

　今のデータベースは、顧客とスマートフォンを紐づけて、位置情報やWEB上の行動履歴へと広がっています。今後、顧客との関わりを深めていく上で、極めて重要なテーマになっています。データがなければ、データを使った最先端のマーケティングができません。

後期：2000年代～「顧客戦略」

　顧客データベースを基にターゲットを選定し、アプローチをかける「データベースマーケティング」が行われました。「2：8の法則（上位2割のお客様が8割の売上を上げている）」が盛んに言われたのもこの頃です。

　顧客1人ひとりとの関係を深め、顧客を育成する「One-To-Oneマーケティング」「CRM」「顧客ロイヤリティ戦略」が登場しました。本書のテーマである顧客戦略が本格化した時代です。

　ここ数年は、「CX戦略」「カスタマージャニー」「MA」と、新しい顧客戦略が登場しています。

顧客戦略も売上アップ・顧客数アップのメソッドの一つ

　ここで間違ってほしくないのは、6ページの図を見ていただくと分かりますが、売上を上げるため、顧客を増やすためのメソッドは、顧客戦略だけではないことです。商品開発、マインド（心構え）、流通施策、マスプロモーション、マネジメント、データベース構築、そして、顧客戦略が相

まって、はじめて実現します。どれかが一つ欠けると、継続的な売上アップ・顧客数アップが難しいのが現実です。

　顧客戦略を進める責任者・実務担当者は、マーケティング全体の中で、顧客戦略を捉えて、進めることが大事です。

6

時代とマーケティング

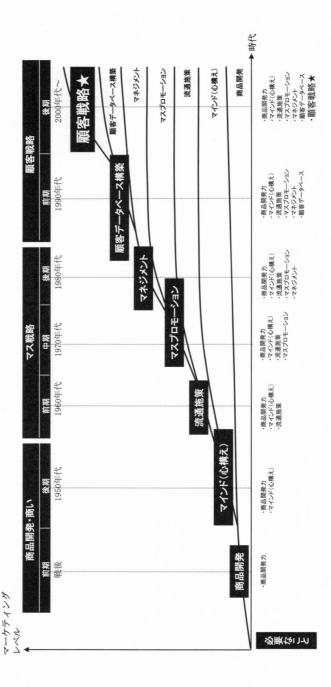

② 顧客戦略とマス戦略の違い

顧客戦略とマス戦略には、どんな違いがあるのか？

　顧客戦略とマス戦略は、「マーケティングのメソッド＝売上アップ・顧客数アップの方法」としては同じですが、どんな違いがあるのでしょうか。「顧客の捉え方」「時間」「コミュニケーションの内容」など、さまざまな点で違いがあります。対象的な2つの戦略を比べることで、顧客戦略の理解はより深まります。

マス戦略とは

　マス戦略とは、ある特定の顧客グループに向けて、マスプロモーションによる販売促進を仕掛けていく戦略のことです。時間の軸としては、ある一時点（点）のことを考えます。新規獲得がメインで、既存客向けにはセールなどの刺激を与える手法が中心になります。

　モノが充足していない時代に出てきた考え方なので、顧客を「商品・サービスを購入してくれる人」と捉え、売上を「商品・サービスの販売量」とイメージして、社内の会議などが進むケースが多いです。

　農業で例えると、焼き畑農業をイメージすると分かりやすいと思います。ある土地の森林を焼き払い、そこで作物を作ります。数年で土地が痩せたら、別の場所に移動して、そこでまた作物を作ります。広大な土地があることが前提になります。

顧客戦略とは

　顧客戦略とは、顧客1人ひとりの1つひとつの体験価値を向上させて、顧客との関わりを深めていく戦略のことです。数ヶ月・数年間の時間軸（線）で考えます。既存顧客がメインで、時間の経過とともに関係を深めるコミュニケーションが中心になります。

　最近ではSNSなどによって、既存顧客の口コミがキッカケになって、新

8

規顧客の獲得に繋がったり、購入前のネット上の行動履歴をベースに、アプローチをしている企業もあります。最近の顧客戦略は新規獲得の領域にも広がっています。

　モノが一定レベルで充足している時代に出てきた考え方なので、顧客を「価値観を共有している人」と捉え、売上を「顧客の量」とイメージして、社内の会議などが進むケースが多いです。

　農業で例えると、果樹園をイメージすると分かりやすいと思います。種を植えて、肥料を撒いて、丁寧に育てて、収穫します。大切にケアし続けることで、毎年果実を手に入れることができます。

「時代」と顧客戦略・マス戦略

　成長時代は、マス戦略が中心の時代でした。顧客が商品・サービスを求める時代だったからです。

　市場が成熟してくる中で、商品・サービスは引き続き重要ですが、マス戦略だけでは新規顧客は獲得できても、既存顧客に購入し続けてもらうことが難しくなっています。既存顧客との関係性を大事にする顧客戦略の重要性が増しています。

「個々の企業」と顧客戦略・マス戦略

　一方で個々の企業においては、時代というよりも「顧客戦略」「マス戦略」は使い分ける事が大事です。創業時、新事業の立ち上げ時、新商品導入時、店舗オープン時は、マス戦略が大事になります。事業が長く続けば続くほどに、既存顧客が増え、その関わり方が大事になることから顧客戦略が重要になっていきます。多くの企業の売上の７割〜８割は、既存顧客からもたらされています。今よりも顧客戦略に力を入れる必要がある企業が多いのが現実です。　・

「時間」と顧客戦略・マス戦略

　「顧客戦略」と「マス戦略」を具体的に考えていく上で、一番大きな違いは戦略推進の時間軸が違う点です。マス戦略の場合は３ヵ月から半年ぐ

らいが一般的ですが、顧客戦略は2年〜3年を考えます。「顧客戦略」の時間軸が長い理由は3つあります。

　まず「顧客戦略」は、最終的に顧客接点である現場を変えていく必要があるからです。現場に根付くまで時間がかかります。残念ながら1年かけて進めても1年かけて戻ることもあります。2年〜3年かけて丁寧に進めれば、現場の文化として残っていきます。

　2つ目は、顧客戦略を具体的に進める、接客レベルの改善、ロイヤリティプログラムやSNSは、結果が出るまで数年かかる場合が多いからです。

　3つ目は、顧客データベースとの関わりです。これからの顧客戦略を考えていくにあたって、顧客データベースをどのように構築して活用していくかはとても重要になります。顧客データベースの活用は2〜3年のデータ蓄積が必要になります。

　長くマーケティングに携わっている人ほど、陥る罠があります。それは、マス戦略を考える際の短い時間軸で顧客戦略を考えてしまうことです。具体的には、販促レベルで考えてしまう場合などです。

　実はこんな状況の企業はとても多いです。大手企業でもよくあります。顧客戦略を半年〜1年ぐらいで考えていると、一生懸命進めていても、結果として、数年前と顧客戦略のレベルがあまり変わらない状況になってしまうのです。とても怖い状況です。

マス戦略 vs 顧客戦略

	マス戦略	顧客戦略★
求められた時代	成長時代	成熟時代
ターゲットの考え方	顧客を特定のグループ で捉える	顧客一人ひとり を捉える
顧客と関わる時間軸	短期的な時間軸 （点）	数ヶ月・数年間の時間軸 （線）
戦略を考える時間軸	３ヵ月～半年	２～３年
コミュニケーション の内容	購買行動を促す メッセージが中心	顧客と関係を深める メッセージが中心
顧客の捉え方	商品・サービスを 購入してくれる人	価値観を 共有している人
売上の捉え方	商品・サービスの販売量	顧客の量

3 さまざまな顧客戦略の考え方

時代の流れに沿って、9つの顧客戦略を整理する

　顧客戦略と言っても、いろいろな考え方があります。顧客戦略を語る上で登場場面が多い「①データベースマーケティング」「②FSP」「③CRM」「④顧客ロイヤリティマーケティング」「⑤NPS®」「⑥CX」「⑦カスタマージャニー」「⑧MA」「⑨SNSマーケティング」について紹介します。

　1つのテーマだけで、1冊の本が出来上がるほどです。本書では特徴的な部分をピックアップしてお伝えします。①〜⑨の考え方が出てきた時代の流れに沿って紹介します。

顧客戦略を巡る9つの考え方

①データベースマーケティング

　データベースマーケティングとは、顧客の購入履歴や属性情報（年齢・性別・地域等）、アンケートの回答を顧客一人ひとりと紐づけ、そのデータをさまざまな角度から分析し、顧客（タイプ）に合った販促やサービスをお届けすることです。ここでの顧客情報は既存顧客の情報になるので、データベースマーケティングは新規顧客向けではなく、既存顧客に向けたものになります。

　既存顧客の購入履歴を使ったマーケティングは当然今も重要で、データベースマーケティングという言葉はあまり使われなくなりましたが、実務的には顧客戦略の中核になります。

②FSP（ポイントプログラム）

　顧客から見て、顧客戦略を身近に垣間見ることができるのが、ポイントプログラムです。航空会社が顧客が利用した飛行距離（マイレージ）によって各種特典を提供したのがはじまりです。その後、小売業でも購入金額の累計によって特典を与えるポイントプログラムが展開されています。ネッ

ト通販でもポイントプログラムは定番です。

　顧客にポイントを与えることで得たデータを活用して、マーケティングを行うことを目的に実施されています。ポイントプログラムが「ただの販促（たくさん購入したらお得になる）」になっているなど、データの活用が有効に行われていない状況もあります。

③CRM（カスタマー・リレーションシップ・マネジメント）

　そんな中で、顧客との関わりを深めるという考え方・概念が出てきました。それがCRMでした。CRMとは、Customer Relationship Managementの略で、「顧客との関係を管理する」ことです。

　顧客の購買データを基点に、顧客との関係を徐々に深めて、固定客に育成し、固定客で居続けてもらう事が目的になります。「データベースマーケティング」「ポイントプログラム」も固定客を増やすために行われていますが、その結果に至るためのキーとなる顧客との関わり方を、より意識した顧客戦略がCRMです。

④顧客ロイヤリティマーケティング

　CRMは、主にシステム会社が世に広めた考え方だったためか、「2：8の法則」や「生涯顧客価値」など企業視点から語られていました。顧客の心理的な側面に着目しようという考えが少なかったのです。そこで顧客ロイヤリティという考え方が出てきました。

　ロイヤリティとは「忠誠」の意味で、ロイヤリティの高い顧客を育成・維持し、口コミの発信元になってもらうことを最終目標におきます。

　実は、今流行りのSNSマーケティングもこの発想・考え方を取っています。主にネット上の動きから、ロイヤリティの高い顧客を選定する点が大きな違いです。

⑤NPS®（ネット・プロモーター・スコア）※

　顧客ロイヤリティが大事という流れから、それを企業としてどのように測るのかという視点で、NPSという考え方が登場しました。NPS®とは

「Net Promoter Score（ネット・プロモーター・スコア）」の略で、顧客ロイヤルティを数値化する指標です。

　NPS自体は顧客戦略というよりは評価指標です。今までの評価は売上などの購入実績をベースにしたり、顧客満足度アンケートの評価をベースにしていましたが、顧客に企業・店舗・ブランドに対する推奨度をアンケートで聞く点が違います。具体的には「友人に勧めるかどうか？」という質問になります。

　GEやアップル、レゴなど様々な企業がその有効性を証明したことで広がっていきました。日本でも実施している企業は多いです。

※NPS®はベイン・アンド・カンパニー、フレッド・ライクヘルド、サトメトリックス・システムズの登録商標です。

⑥CX（カスタマー・エクスペリエンス）

　NPSは、顧客に購入までの体験を、事後的に評価してもらうことがベースになりますが、顧客の声がすべてなのだろうか？購入した後の結果を集計するよりも、顧客の体験そのものに、もっと着目していこうという考え方が生まれました。

　企業が顧客の体験場面をあらかじめ想定して、活動を設計し、実践していこうという考え方です。それがカスタマー・エクスペリエンスです。

　「Customer Experience」の頭文字を取ってCXと呼ばれることも多いです。「顧客が体験する価値」を意味します。

　顧客は商品やサービスを手に入れる価値だけではなく、購入前から購入後のサポートまでの体験すべてを購入していると考えます。

　CXという考え方が出てきた背景には、ネットの影響（事前の検索・比較検討の容易さなど）で購買プロセス・購入までの体験プロセスに変化があり、それを企業として対応していく必要性があったことも見逃せません。

⑦カスタマージャーニー

　カスタマージャーニーとは、一言でいうと、CXを時の流れをベース（時系列的）にまとめたものです。具体的にはある顧客（ペルソナ）が、商品

に興味を持ってから、競合商品との比較・検討、お試し、購入、購入後の使用場面までの体験・感情を推測し、1枚のシートに体系立てたものです。顧客の一連の思考・行動を旅に例え、「Customer（顧客）Journey（旅）」と名付けられました。

部門の壁を超えて、顧客の視点で企業の活動を見直すことができます。ただ、作成しても顧客接点の改善に活用されない事がよくあります。

⑧MA（マーケティング・オートメーション）

マーケティング・オートメーションとは、マーケティング業務を自動化することです。インターネットマーケティングにおいて、顧客の動きや趣向をリアルタイムに把握して、「顧客1人ひとりの詳細なセグメント」、「リード（見込み客）のスコアリング」を行い、適切な商品情報を表示したり、購入の見込みが高い人への特別なアプローチを自動的に行います。

例えば、あらかじめメールアドレスを取得している顧客（見込客）に、プロモーションを仕掛けて、それに対する顧客のネット上での反応をベースに、顧客をスコアリングし、その結果に合わせたメッセージをメールで配信します。

MA事態は自動なのですが、MAの設計（対象者の設定・メールの文面・配信のタイミング）は、実務担当者が行います。ある部分はMA、ある部分は人的に対応していることが多く、MAだけですべて完結している訳ではありません。

⑨SNSマーケティング

2010年頃からはじまったSNS（ソーシャルネットワークサービス）が、消費者の間でドンドン広がっています。元々はC2C（消費者同士）のメディアです。それを企業としても活用しようということで、SNSマーケティングが生まれました。Facebook、Instagram、Twitter、LINEなどを活用したマーケティングです。

SNSは単に情報を発信するだけではなく、顧客（見込客）と直接コミュニケーションを取ることができます。顧客が企業を身近に感じてくれれ

ば、熱心なファンを育てることに繋がります。顧客戦略を進めるにあたっ
て、SNSマーケティングの重要度は今後増していくでしょう。ただ、購入
実績と距離があるSNSマーケティングは、顧客数アップ・売上アップまで
道のりが長いのが特徴です。

それぞれの顧客戦略の背景を捉える

　9つの顧客戦略を紹介しました。それぞれが単体で存在しているように
見えて、実は時代の流れから登場しています。その背景を感じることがで
きれば、その内容を深く理解することができます。

　2019年のIDC Japanの調査によると、カスタマー・エクスペリエンスの
IT投資は、2022年まで年平均8.2%増えていくと予測されています。今後
も顧客戦略について、新しい言葉が出てくると思いますが、その背景を捉
えながら認識していけば、過度に惑わされず冷静にとらえることができる
でしょう。

顧客戦略の勘所・課題

多くの企業の顧客戦略の課題は、どこにあるのか?

第1部「顧客戦略の基本」の最後に、顧客戦略が成就する場所はどこか、多くの企業の顧客戦略の課題はどこにあるのかについてお話します。

顧客戦略が成就する場所は「顧客接点」

顧客戦略はどこで成就するのでしょうか。唯一「顧客接点」だけです。そもそも顧客戦略は顧客との関わりを深めて、安定的に顧客の数を増やしていく戦略です。顧客との関係が生まれたり、深まったり、薄くなったりする場所は、「顧客接点」だけだからです。店舗であり、コールセンターであり、ホームページであり、SNSです。

「顧客とどのように関わっていくか、どれだけ顧客を増やせるか」その実現度は、お客様一人ひとりの "次も行こうかな"、"これからもずっと買おうかな"、"またこのサイトを見てみよう"、という「顧客による顧客接点の判断」に委ねられています。

顧客戦略と他の戦略の違い

顧客戦略は「顧客接点=現場」が最重要です。当たり前と言えば、当たり前ですが、ここが他の戦略と大きく異なる点で、どんなに強調しても良いぐらいです。

例えば、どんな商品・サービスを企画して生産するのかという「商品・サービス戦略」「生産戦略」、商品・サービスをネットも含めてどこでエンドユーザーに届けるかという「流通戦略」、社内の人材に安定的に成長してもらうためにはどうすればいいのかという「人材育成戦略」、人材採用・組織体制をどのように構築していくかという「人事・組織戦略」、損益計算書・貸借対照表・キャッシュフロー表を将来的にどうしていくかという「財務戦略」、これらは「顧客接点」が成就する場所ではありません。また、

これらの戦略は、本部が主役の戦略です。

　一方で、顧客戦略は顧客接点とそれに関わる人（店舗のスタッフ・営業マン・ホームページ担当・SNS担当など）が主役で、本部が脇役の戦略なのです。

「現場の成果」を左右する勘所は？

　そんな顧客戦略の最終目的は、現場の成果です。具体的には固定客数のアップ・顧客数全体のアップ、売上アップです。その最終目的が実現するのか、しないのか決めるのは「顧客戦略の顧客接点における浸透レベル」です。ここが顧客戦略の勘所です。

なかなか進まない現場への浸透、課題は社内の一体感

　すでに顧客戦略を進めている企業では「顧客接点の浸透レベル」に悩みを抱えている企業が多いです。そんな企業の顧客戦略の課題は、冒頭でもお伝えしましたが「1つのチームとして進めること」「社内の一体感」です。ここが今一つの状況で、顧客との関わりを安定的に深めていくはできません。

　一体感を辞書（デジタル大辞泉）で引くと「大勢がまとまって一つの方向に向かっていること」。顧客戦略において、大勢というのは「顧客戦略に関わるすべての（社内の）人」を指します。できるだけ多くの人と顧客戦略を推進することが大事になります。社内100人の中で50人が顧客戦略に関心があったとします。それを60人、70人と増やしていくことが大事です。元々、顧客戦略の関心度が30％しかなかった人を40％、50％と上げていくことが大事です。このように社内の一体感の醸成が進むと、1つのチーム（One Team）として顧客戦略を前に進めることができます。

数年単位で、浸透レベルを上げていく

　そのためには顧客戦略の顧客接点における浸透レベルのアップを、数年単位で計画し、それを丁寧に実行・浸透していくことがポイントになります。

　顧客戦略の顧客接点への浸透は1年ではできません。これは顧客との関係はもちろん、社内の関係も変えていく取り組みだからです。経営層と本部スタッフの関係、本部と現場の関係、現場リーダーとスタッフの関係、スタッフ同士の関係、そして最終目的である顧客との関係を変えていく必要があります。

　進め方については、第3部 顧客戦略の実務「7つのSTEP」で詳しくお伝えします。

┌─ コ ラ ム ─┐

ウチの会社に、顧客戦略はあるの？ないの？

　顧客戦略の話になると、そもそもウチの会社に顧客戦略があるのか、ないのかという話になります。一般的に戦略とは「中長期の視点で目的・目標を設定して、段階的に課題をクリアしていき、前に進んでいく」ことを言います。

　「顧客戦略がある」ということは、３年を目安に顧客との関わりをどのように進化させていくかを考えて、段階的・計画的に具体策を進めていくことです。それがあれば「顧客戦略がある」とお考えください。それがなければ、「理念（クレド）」「その時々の顧客対応」「顧客向けの販促・キャンペーン」はあっても、残念ながら顧客戦略は存在しないということになります。

　「顧客戦略がない」状態はダメかというと、そうではありません。「理念（クレド）」「その時々の顧客対応」「顧客向けの販促・キャンペーン」がしっかりした企業・お店・ネット通販は、顧客から不満が出ることはないからです。

　ただ、３年前、５年前、10年前と比べて、商品・サービスは変わっても、顧客接点の活動レベルがあまり変わっていない状況、進化が少ない現実を生み出してしまいます。「顧客戦略がない」状況は見過ごすことはできません。

第２部

４社の事例から、顧客戦略のエッセンスを掴む！

顧客戦略の事例紹介

　第２部では顧客戦略の取組事例を４つ紹介します。

　誌面の関係で事例を丁寧に紹介できない部分もあります
が、顧客戦略のさまざまな側面を感じてもらえるよう
にしています。

　事例を通じて本書のテーマである中長期視点、チーム
としての意識、社内の一体感、教育プログラム、顧客接
点の現場浸透など、第３部で紹介する７STEPの内容を
事前にイメージできます。

　すでに顧客戦略を進めている場合は、他社の事例を確
かめながら、自社の顧客戦略の良い点、今一歩の点を確
かめましょう。

「メルセデス・ベンツ」の顧客戦略

本事例の特徴

- ■経営陣からのトップダウンで、顧客戦略がスタート
- ■2012年〜2017年までの5年間という中長期の視点
- ■多様な教育プログラムで、顧客接点において顧客戦略を推進

　メルセデス・ベンツといえば、高級車の代名詞として世界中でブランドイメージが確立されています。そんなトップブランドにふさわしく接客も素晴らしいと思いきや、実は2011年メルセデス・ベンツUSAは、外部調査会社によって、販売店の顧客満足度の低さが明らかになっていました。

■顧客戦略が不在。レクサスの存在

　当時、顧客戦略の意識が弱かったメルセデス・ベンツUSA は、顧客への対応を、個々のディーラー（販売店）・スタッフに委ねている部分が多く、メルセデス・ベンツの戦略として改善していく姿勢ではありませんでした。顧客戦略が不在の状態でした。

　一方でライバルであるトヨタ・レクサスは、店舗でより良い体験をしてもらうことが商品の付加価値になると捉えていました。おもてなしのサービスで、顧客の支持を得ていました。

■顧客戦略のゴール設計、プレゼンテーション

　経営陣は、顧客戦略プロジェクトをスタートさせました。ゴールは「お客様に喜びを感じていただく（Driven to Delight）」＝「最高の顧客体験を届けること」としました。

　2012年1月、顧客接点を担う全ディーラー（販売店）に向けて、スティーブ・キャノンCEOが、「誰もが認める"最上の顧客体験"の提供者になる」

というゴールを示しました。とても分かりやすく、顧客接点を担う販売店に届く言葉になっています。"最上"という言葉と"ベンツ"の組み合わせがとても自然に感じられるからです。

■5年計画の策定

　経営陣から、2012年〜2017年の5年をかけて改革を進めるロードマップが示されました。

　メルセデス・ベンツの顧客戦略のポイントは、この時間の考え方だったと私は考えています。5年計画というと長いと思うかもしれませんが、適切でしょう。顧客戦略は顧客接点を担う人の意識・考え方を変えていくものです。人の考え方・思考を変えていくには、半年・1年では短いです。顧客戦略は5年といわないまでも、やはり3年は見て進める必要があります。1年かけて進めても、そこで取り組みが終わってしまえば、1年かけて以前に戻ってしまうからです。

■顧客体験の設計（カスタマージャーニーの設計）

　世界一流の顧客体験づくりをテーマに、販売前・販売時・販売後のアフターサービスに至るまでのプロセスを、カスタマージャーニーとして描きました。それぞれのプロセスで、「顧客ニーズをより適切に満たす方法（手続きを簡素化する等）」、「顧客に喜びを感じてもらう方法（顧客の期待を上回ること等）」をベースにカスタマージャーニーを作り上げました。顧客接点に落とし込む段階では、使いやすさを大事に簡素化した形にしました。

■さまざまな教育プログラム

　カスタマージャーニーを踏まえて、すべての顧客接点で顧客が一流の体験ができるように、さまざまな教育プログラムが実施されました。顧客戦略は、最終的に顧客接点を改善して顧客との関わりを深める取り組みなので、顧客接点で働く人に向けた教育がとても重要になります。

　顧客戦略は顧客接点の活動1つひとつまで行き渡って、はじめて意味が

あります。教育プログラムは、メルセデス・ベンツの顧客戦略の推進のキーになりました。

①全社員・全ディーラー必修の「企業文化・顧客サービス」セミナー

　販売店を対象とした"新しい顧客サービス"を学ぶ「Driven to LEAD」セミナーが行われました。このセミナーは、メルセデス・ベンツUSA約1,700人、販売店約2万8,000人、メルセデス・ベンツ・ファイナンシャルサービス約1,100人を含めてすべての従業員にとって必修のセミナーになりました。セミナーを受けられない場合は、e-ラーニングを受講する徹底ぶりです。顧客戦略の概要を全社的・全取引先のすべての人が理解を深めました。

　この取り組みは、2つの点で本当に大事だったと思います。1つ目は、顧客戦略に関わる人にとって、共通の世界観が育まれたことです。1回のセミナーで、すべて理解できる訳でありませんが、「こんな感じを目指しているんだなあ〜」と考えてもらえるからです。2つ目は、実務的に顧客戦略のプロジェクトの外側にいる人達も、セミナーを受けることで、顧客戦略の骨子を理解できると、プロジェクトに協力的になってくれる事が多くなります。

②顧客体験の向上をテーマにしたプログラム

　「顧客体験推進プログラム」は、各販売店から選抜されたメンバーが、顧客体験の向上を実現していくプログラムです。

　月に一回研修を行い、ディズニーやリッツカールトン、ティファニーなど、ベンチマークする企業の顧客体験向上の取り組みについて深く学びます。その学びをベースに、自店で強化プロジェクト（45日間、90日間）をKPI設計の元で行います。各店の実践結果をまとめたベストプラクティス集も作成されました。

　このプログラムの面白い所は、必ずしも参加者を販売店の店長と特定していない点です。このようなプログラムが定期的に開催されて、毎回違うメンバーが参加するのが最も理想的です。各販売店で顧客戦略の笛を吹く

人、一定期間でも笛を吹いた経験がある人が多いと、プログラムは店舗の中で前に進みやすくなるからです。フォロワーシップ研修にもなっています。

③リーダーシップ研修

「リーダーシップ研修」は、販売店の店長を対象としたプログラムで、顧客接点のリーダーとしてのスキルを身に付ける研修です。販売スキルではなく、従業員の幸福や動機づけを、顧客体験の改善や売上にどう結び付けるかについて学びます。販売店の経営陣、現場統括マネージャーも一緒に参加しました。店長だけ今の時代にあったリーダーシップを学んでも、その上司である経営陣、現場統括マネージャーがその考え方を知らなければ、後押しを受けることができないからです。ただ教育を受けてもらい、ノウハウを提供するだけではなく、そのノウハウが各現場でスムーズに実践できるように、配慮されている点が素晴らしいです。

④自社商品体験セミナー「ブランド・イマージョン・エクスペリエンス」

「ブランド・イマージョン・エクスペリエンス」は、全従業員向けの自社商品体験研修です。2日間かけて、メルセデス・ベンツの工場見学、試乗体験、顧客体験などブランドについて、すべてを学びます。

この研修は、従業員にとって単に商品知識を深めるだけのものではなく、ブランドへの愛着を高め、仕事に誇りを持ってもらうことも目的でした。

顧客接点を担うスタッフがブランドへの想いを深めることは、一つひとつの活動に心がこもり、顧客戦略が前に進む源になります。

■顧客体験指数・従業員アンケートの実施

メルセデス・ベンツでは外部調査会社のランキングだけではなく、自社独自の評価軸を導入しました。その代表的なものが「顧客体験指数（CEI）」です。

「顧客体験指数」は、カスタマージャーニーに沿って顧客へアンケート

調査をし、販売時と修理時の接客サービスを評価します。この評価は報酬体系とも連動しています。

　さらにCSとESの連動に着目して、従業員（営業・メカニック）へのアンケート調査も大事にしています。顧客接点で働いているスタッフのモチベーションが、1つひとつの活動のレベルに大きな影響があるからです。

　大事だとは分かっていても、なかなか実施しないのが顧客接点で働く従業員に向けたアンケートです。顧客戦略を進める企業では大切になります。測定方法や評価にいろいろ意見があると思いますが、まずやってみて、数値の変化を見つめることに大きな意味があります。

■成果

　今回紹介した教育プログラムの実施や、さまざまな取り組みを行った結果、外部調査機関Ｊ・Ｄパワー社の「セールス満足度」調査において、2012年6位、2013年5位から2014年は1位となりました。またブランドを他者にすすめたいか質問し、ブランドに対する愛着度を測る「NPS®」では3位になりました。目標は達成されましたが、最高の顧客体験を届けるための改革は続いています。

10年顧客戦略に取り組む、九州を中心に約190店舗を展開するメガネチェーン。

「ヨネザワ」の顧客戦略

本事例の特徴

- ■10年顧客をコンセプトにした顧客戦略プロジェクト
- ■顧客接点の顧客体験ノウハウをまとめた、マニュアル制作
- ■顧客接点のリーダー（店長）に向けた、年間の教育プログラム

　熊本県に本拠地を置き、九州一円（＆山口県）に約190店舗（従業員数約1,000名）を展開するメガネチェーンがあります。創業46年の株式会社ヨネザワです。九州に住んでいる人であれば、聞いたことがない人はいないでしょう。広範囲から集客ができるショッピングセンターはもちろん、小商圏戦略を取っている路面店を多数展開しているのが特徴です。店舗の周辺にお住まいの方々が年齢を問わず数多く来店しており、地元の固定客を掴んでいます。

　数店舗に、オープン時間から閉店まで1日取材をさせていただいたのですが、年配の方々、子供のはじめてのメガネを買いに来た親子、団塊ジュニア世代、家族みんなで来るお客様もいました。地域の一番店とイメージすると分かりやすいと思います。

■顧客戦略のプロジェクトがスタート

　今、ヨネザワは、将来予想される人口減、Zoff、JINSなどの低価格ショップ・全国展開のメガネチェーンとの競争という課題を抱えています。

　そんななかで、2018年10月から顧客戦略のプロジェクトがスタートしました。

■営業部門が主体となったメンバー構成

　プロジェクトのメンバーは、営業部門のトップ、販促部門のトップ、商

品部門のトップ、各県の営業部長、他部門の責任者を加えて約15人のメンバーで進めています。

　顧客戦略のプロジェクトは、営業部門の責任者が参加していないケースがよくあります。その場合、プロジェクト自体は進みやすいのですが、実際に現場に落とし込む段階で、プロジェクトがスムーズに進まない場合があります。その点、ヨネザワでは最高の布陣で顧客戦略のプロジェクトを進めています。

　一般的に営業部門は会社で一番力を持っています。顧客戦略は営業部門が入って進めることが、大事だとあらためて実感しています。

■顧客戦略の推進「10年顧客」

　プロジェクトの名称は、「10年顧客戦略」としました。10年顧客とは「10年間、ずっと購入いただいた顧客」「10年間、お店に通い続けてくれている顧客」「10年間、ずっとファンでいてくれている顧客」です。そんな10年顧客を育てていく、10年顧客の人数を増やしていく事をテーマに顧客戦略を進めています。

■経営理念と顧客戦略の繋がりの明確化

　プロジェクト当初に明確にしたのが、ヨネザワの「経営理念」と「10年顧客戦略」の繋がりについてでした。特にヨネザワでは「経営理念」を普段から唱和しており、多くの店長が参加する年2回の全体会議でも、経営理念について米澤社長がお話していたからです。

　「10年顧客戦略」が「経営理念」とどのように繋がっているのか明らかにすることで、「10年顧客戦略」は企業の中で受け入れやすくなります。ベテラン社員の新しいプロジェクトに対するネガティブな思いが、少なくなります。

　「顧客戦略」は「経営理念」を具現化する手段になることが多く、双方の繋がりは論理的に説明できます。それは顧客戦略の社内における優先順位を上げることになります。歴史を積み重ねた企業で、顧客戦略を進める時におさえておく必要があります。

■今まで培ってきたノウハウの体系的見える化

　続いて行ったのが、顧客接点の心掛けの構築です。10年顧客を育てるために、時代が求めている共感・共振・共有の３つの視点で、決めました。

　それをベースに、創業46年間で培ってきた実務ノウハウの見える化・体系化に取り組みました。顧客接点のマニュアル作成です。メガネ・補聴器・コンタクトレンズに分けて構築しました。

　メガネは、「Ⅰお出迎え」「Ⅱコミュニケーション」「Ⅲ測定」「Ⅳ商品紹介」「Ⅴ購入促進」「Ⅵ会計」「Ⅶお見送り」「Ⅷお渡し」「Ⅸ購入後の対応」をテーマに、合計92項目の活動を「ヨネザワスタイル（マニュアル）」として見える化しました。同じように補聴器、コンタクトレンズも行いました。

　ヨネザワには長年積み重ねてきた顧客体験価値を向上させるノウハウが沢山あるので、いろいろな意見がありました。「この場面、ヨネザワではどんなスタイル（活動）が最適なんだろう？」という話い合いの連続でした。

　ヨネザワのスタンダートを決められたことは良かったのですが、加えてプロジェクトメンバーで自社の顧客接点について、意識合わせができたことも良かったことでした。１つのチームとして顧客戦略を進めるのに、まず本部内の意識合わせが必要だからです。

■「ヨネザワスタイル」をベースにした教育プログラムの展開

　2019年４月から「ヨネザワスタイル（マニュアル）」をベースに、店長に向けて各地域で約２時間半のセミナーを毎月開催しています。質の高いセミナーを開催するために、台本を作成しています。台本がないと各地域で教育の質に差が出すぎてしまうからです。

　台本は各県の営業部長で分担して作成し、本番前にプレセミナーを実施しています。内容、話し方、当日の進め方をプロジェクトメンバーで確認してから本番を迎えます。

　本番のセミナーでは、講義が一方的にならないように、参加者である店長に話を振ったり、ミニディスカッションを随時入れたり、毎月改善を続

けていて、完成度が高まっています。全店の活動事例・優秀研究事例の共有も行っています。

　半年後、「メガネ」をテーマに各地で成果発表を行いました。私も宮崎と長崎で行われた成果発表会に参加して、顧客接点の改善が進んでいることを実感しました。下期は「補聴器」「コンタクトレンズ」をテーマに、セミナーを実施しました。

　NPS®を実施して、顧客戦略の効果を客観的に検証していく取り組みもはじまっています。

■現時点の成果、今後

　10年顧客戦略の数値の成果を把握するために、顧客をランク分けして、各店単位で顧客数を集計しています。「10年顧客戦略」が各店舗の実践に移って１年を超えた所ですが、徐々に効果が出はじめています。Ｓランク、Ａランク、Ｂランクといった上位ランクの顧客育成が進んでいることがわかりました。

　さらに今後、10年顧客戦略の活動内容が、人事評価に組み入れられることになりました。人事評価に加わることで、店長・スタッフのさらなる意識アップに繋がるでしょう。人事評価への反映は、顧客戦略の継続的運用を考える上で、鍵になります。

　ヨネザワは、数年後に50周年を迎えます。売上150億円を目標に日々さまざまな改善が行われています。「10年顧客戦略」が目標達成に向けた重要なピースになるでしょう。小売業にとって顧客戦略はマーケティングの心臓部だからです。

経営・店舗が一体感を持って進める顧客戦略

「@cosme STORE」の顧客戦略

本事例の特徴

- ■顧客戦略で最も大事な場所は、顧客接点
- ■顧客接点のゴールから、軸をぶらさない
- ■チームとして顧客戦略に取り組む、具体的な工夫の数々

　「@cosme（アットコスメ）」は、月間のユニークユーザー数1,330万人（2019年6月現在）の日本最大の化粧品口コミサイトです。その@cosmeをショップブランドにした「@cosme STORE」は、2007年からスタートし、現在32店舗（海外8店舗）を展開しています。化粧品小売チェーンとして、日本で最大規模の売上となっており、120億円を超えています。2007年にオープンした1号店「@cosme STOREルミネエスト新宿店」は、今、化粧品専門店で坪効率世界一の店舗になっています。

■業界に新しい流れを作っている「@cosme STORE」

　今までにない、次の時代の化粧品の買い方を提案する会社として、運営会社名は、株式会社コスメネクストとしています。「小売店・メーカー主導の化粧品販売から、顧客主導の化粧品選びへ」業界に新しい流れを作っていて、「試せる、出会える、運命コスメ」をショップコンセプトにしています。

　口コミサイト「@cosme」の情報をベースに、ブランドに捉われない特徴のある品揃えで、アイテム単位で選びたい顧客が、最適な化粧品と出会えるように展開しています。

　売場づくりでは、「ランキングコーナー（クチコミランキング、カテゴリー別ランキング）」「メーカーの壁を超えたカウンセリングコーナー」「ほぼすべての商品でテスターが使えるトライアルコーナー」等、今の時代の

顧客の買い方を大事にしています。

　接客では、「お客様の味方になる」「ムリな売り込み、ムリなお願いはしない」「必要な時に必要なだけの接客」「買っても買わなくても来店してくれたすべての人を顧客と考える」「比較接客」「顧客が自ら化粧品をブランドミックスできるように」などを基本にしています。

■顧客が何度でも行きたくなるお店を目指す

　@cosme STOREは、「売上を上げることは大事だけど最優先に考えない」、「最優先すべきことは、顧客が何度でも行きたくなる、入りやすくて出やすい、新しい化粧品と運命的な出合いがある」このような顧客接点のゴールを創業からずっと大事にしています。

　今も遠藤社長自ら、顧客接点を担う店長・スタッフに伝えています。2019年8月に行われた全スタッフ向けの会議でも、@cosme STOREが目指すゴールについて話しました。時には店舗を訪問し、店長・スタッフに「楽しんでいる？」「この売場でチャレンジしている？」「面白いと思ってやってる？」「売上を作るためだけにやっていない？」と問いかけています。スタッフが売上に縛られているのを、本来の姿に戻してあげています。

■1つのチームになって、顧客接点のゴールに向かう

　私は化粧品業界の仕事に携わって20年になるのですが、@cosme STOREのように顧客接点のゴールを掲げ、会社として一体感を持って実現しようと前に進んでいる会社は少数だといえます。売上などの経営数値に向かって一体感を持って進んでいる会社はよくあります。それが悪い会社なのではなく普通です。そういう意味では、@cosme STOREは変わっています。実際に@cosme STOREの仕事に携わった時にも感じましたが、本書の出版にあたって、遠藤社長に久しぶりにお話しを伺った際にも、@cosme STOREらしさは変わっていませんでした。

　顧客接点のゴールに向けて、全社が1つのチームになって真直ぐ進むために、@cosme STOREではさまざまな取り組みをしています。経営と店舗の一体感、店長とスタッフの一体感という視点から取り組みを紹介します。

■経営と店舗の一体感醸成の工夫

そのまま伝わる言葉選び

　先ほど@cosme STOREが大事にしていることで「お客様の味方になる」という言葉を紹介しました。一般的には、「お客様視点」という言葉を使う所ですが、どちらの方が店舗（顧客接点）で働くスタッフに、伝えたいメッセージがそのまま伝わるでしょうか。「お客様視点」はなんだか使い古された言葉のように感じませんか。「お客様の味方になる」の方が本意が伝わります。

　経営から店舗（顧客接点）には、会話・社内文書・教育テキストを通じて多くのメッセージが届けられますが、@cosme STOREは一語一句にこだわっています。一つひとつの言葉が経営と店舗の一体感を生むベースになるからです。

　当たり前のように感じるかも知れませんが、ここを大事にしていない企業は意外と多いです。カスタマージャーニー、カスタマー・エクスペリエンスという言葉を、そのまま顧客接点のリーダー・スタッフに伝えていたら要注意です。外来語は顧客接点で働く人に伝わる力が弱いからです。

　伝わりづらい言葉を伝えようとすると、その言葉を定義付けして、説明しようとしますが、その時点で伝わる力はすでに大きく失われています。@cosme STOREの社内の言葉は店舗で働く人にとってわかりやすく、チームとして前に進む大きな力になっています。言葉のチョイスは大事です。

顧客接点のゴールと連動したKPI

　店舗の代表的なKPIは、売上・客数・客単価です。客単価は買上点数と一品単価に分かれますが、@cosme STOREは客単価全体をKPIにしていません。一品単価が含まれる客単価をKPIにすると、高額商品をムリに売ってしまう可能性があるからです。一方で買上点数は多くの化粧品と出会えた証拠になるので、KPIとして大事にしています。

　買上率（来店客の内、どのくらいの人が購入したのか）には、一定の上限を設けています。買う気がないお客様にも売ってしまうことになりかね

ないからです。「顧客が何度でも行きたくなる」そんな顧客接点のゴール
にマイナスの影響が出る可能性のあるKPIの扱いを、慎重にしているの
です。

　通常は売上を構成する数値が高ければ高いほど良いと考えます。すべて
の数値を大事に考えて「顧客接点のゴール」が軽視されることがないよう
にしています。

■店長（現場リーダー）とスタッフの一体感醸成の工夫
チャレンジ11（イレブン）

　@cosme STOREには、チャレンジ11という店舗の現場で大事にしてい
る心掛けがあります。本部の教育担当はチャレンジ11を繰り返し伝え、店
長とスタッフの間でもチャレンジ11を共有しています。

　例えば、ある月はチャレンジ11の内の一つ「仲間の喜ぶことをしよう」
に取り組みます。このテーマについて実践した結果を、店長とスタッフ、
スタッフ同士で意見交換をして振り返っています。PDCAを廻しています。

　販促施策についてPDCAを廻している会社は多いですが、理念について
PDCAを廻している会社は少数です。顧客接点において顧客戦略の推進
は、日々の心掛けが大事なことを思い出させてくれます。

顧客接点の目標管理

　半期に一回、店長は各スタッフを評価する機会があります。スタッフ自
ら設定した「行動目標」と「達成基準」があります。半期にどの程度達成
できたのか話し合います。

　ここまではよくある話ですが、@cosme STOREでは、数字の目標を前
面に出さないことにしています。目先の数値を追うと、逆に@cosme
STOREらしくならないことがあるからです。いかに顧客に何度も来ても
らえるのか、その軸はぶらさずに目標管理を行っています。

■すべては顧客接点のゴールのために

　@cosme STOREは、顧客接点のゴールに全社が1つのチームになって

進むために、言葉の使い方・KPI・PDCA・目標管理など一つひとつの中身に工夫を加えて、丁寧に運用しています。顧客戦略は結局のところ、顧客接点がすべてです。@cosme STOREの顧客接点のゴールに向かう姿は、顧客戦略の進め方の一つの理想を見せてくれます。

理念の深掘りからSNSまで、顧客接点の改善に取り組む

「ニック」の顧客戦略

本事例の特徴

- ■顧客戦略を３年のロードマップを描いて推進
- ■顧客接点のスタッフを巻き込んだ、全社一体となった取り組み
- ■ブログ・SNS・LINEでも、顧客との関わりを深める

　株式会社ニックは、東京都と神奈川県に13店舗を展開するクリーニングチェーンです。ユニット形式（受付と工房が一緒になった店舗）のクリーニング店では日本最大で、昨年70周年を迎えました。全店に国家資格のクリーニング師が常駐していて、高品質のサービスを届けています。

　クリーニング業界は最近20年で市場が約半分になっています。そんな中で、"これまでの「汚れたから洗う」クリーニングから、「お気に入りをキレイに永く着る」「美しさをよみがえらせる」ファンションケアに"をキーワードに、地域のお客様から大きな支持を得ている企業です。１店舗の運営は、店長と社員（１名〜２名）とスタッフさん（アルバイト・パート）が担っています。

■顧客戦略プロジェクト、３年計画でスタート

　2017年９月のプレセミナーを経て、2018年から３年間の顧客戦略プロジェクトが社長・取締役・店舗管理・店舗統括の７人のプロジェクトメンバーでスタートしました。

　顧客戦略は、顧客との関わりを深めて安定的な顧客数アップを実現することなので、一定の時間がかかりますが、顧客戦略に３年という期間を最初から考えてくれることは、なかなかありません。今、顧客戦略が３年目に入り、一歩一歩進んでいるのは、西川社長が顧客戦略に時間を与えてくれたことが大きいです。

■3日間の現場観察

　まず実施したのが、顧客接点の現状把握です。3店舗で開店前の準備〜閉店の後片付けまで、3日間の現場観察を行いました。カウンターの後ろから接客内容を聞いたり、工房のクリーニング作業を見せてもらいました。

　そこで分かったことは顧客接点のレベルが高かったことでした。顧客の立場からみて期待通りの顧客体験を届けていました。今回の顧客戦略プロジェクトの目的は、顧客接点で顧客の期待を超えることと考えました。

　リアル店舗が中心の企業で、顧客戦略に興味を持つ企業の多くがこの状況です。「期待通りから期待を超える」がテーマになります。実際はそれができているスタッフもすでにいるのですが、そんなスタッフを、企業として、組織として、増やしていくことが顧客戦略上、極めて重要になります。それができれば安定的な顧客数アップが手に入るからです。

■1年目のテーマ「クレドの深掘りと実践」「マニュアル作成」

　どこからプロジェクトをスタートするのか悩みました。その切り口を探すなかで、私がコンサルティングに入る前に、社員・スタッフが中心になって考えた素晴らしいクレドと出会いました。5年前に作った当初は意識されていましたが、できてから時間が経ち、存在観が薄くなっていました。そこで、このクレドにもう一度みんなで注目するところから、プロジェクトをスタートさせることになりました。

　クレドの1項ごとに、プロジェクトチームのメンバーみんなで深掘りして、解説テキストを作成しました。作成したテキストをプロジェクトメンバーが動画で解説し、全スタッフにeラーニングシステムで学んでもらいました。クレドが実現した時の物語（カスタマーストーリー）も、同時平行で作成しました。カスタマーストーリーは、年2回全スタッフが参加する総会で大々的に発表しました。

　クレドは、顧客接点にいるスタッフ1人ひとりが胸に抱いていないと、意味がありません。毎日唱和していても、暗記していても、顧客接点の活動に反映されないからです。テキストによる論理的な世界、物語によるイメージの世界の両方から理解してもらい、クレドをテーマにした活動の実

践に取り組んでもらいました。それによってクレドの浸透が進みました。

　続いて、ニックが長年積み重ねてきた接客ノウハウを見えるようにしました。「お出迎え」「検品・診断・提案」「お渡し」「お見送り」「繁忙期対応」とマニュアル化していきました。ただ１年目では顧客接点（店舗）に届けられていない状況でした。

■2年目のテーマ「顧客接点の充実」
顧客接点が本格的に動き出す

　２年目はマニュアルの内容をプロジェクトメンバーが動画で解説し、実践カードを使った展開を進めました。実践カードは、各スタッフが１ヵ月の間で、最も顧客との関わりが深まった印象的な場面を書いたカードです。提出してもらった全カードから、選りすぐりのカードをセレクトして、マニュアルに追加しました。それによって臨場感がある実務的なマニュアルになっていきました。

　実践カードは全スタッフが参加する総会で発表され、各スタッフの実践内容が全社的に共有されています。顧客接点のスタッフも巻き込んで、顧客戦略は全社一体となった取り組みへと進んでいます。

チームワーク力アップの取り組み

　店長が集まる幹部会では、毎月１回自店のチームワークを100点満点で評価し、改善点を店舗統括も含めて一緒に考えています。毎月15分ほどの取り組みですが、顧客接点がOne Teamの雰囲気を生み出すための大切な時間になっていました。チームワークはいわゆる人間関係の話なのですが、意外と顧客接点のリーダーが一人で抱え込んでしまうことがあります。チームワーク力アップというテーマで、オープンにすることで、改善に繋がっていきます。顧客接点のチームワークの状態は安定した顧客数アップはもちろん、売上にも影響します。

ブログ・SNS・LINEのスタート

　今の時代の顧客戦略に欠かせないネット戦略は、１年目の後半からス

タートしました。ニックとしてどのようにネット戦略を進めるのか、慎重に決めました。ディスカッションの末に「ファッションケアについて丁寧に語る」ことになりました。プライベートなことに触れることはあっても、あくまでテーマはファッションケアです。２年で50本のブログをアップすることを決めて、全50回のテーマ出しをプロジェクトメンバーで行った上で、スタートしました。通常のブログは一人の担当者がすべて決めているので、ネタ切れを起こしやすくなります。ニックではそうならずに、レベルが高いブログが安定的に仕上がっています。

　ブログの拡散を狙い、２年目からは「Insragram」「Twitter」「Facebook」を同時にスタートしました。７月からは「メルマガ」を「LINE」に変更し、さらに「Twitter」は13店舗全店が個別に運用しています。ネット戦略が着々と進んでいます。

■今後（３年目）「全社的な取り組み」

　１年目・２年目は、プロジェクトメンバーで進めていた顧客戦略のプロジェクトですが、３年目から全店長が参加する幹部会でも進める事になりました。顧客戦略は、より多くのメンバーで企業全体の取り組みとしてさらに前に進んでいます。

―――――――――― コ ラ ム ――――――――――

事例との付き合い方は「つまみ食い」

　顧客戦略の取り組み事例、いかがでしたか。自社の参考になる部分は
あったでしょうか。事例との付き合い方でおすすめしたいのは、ざっくば
らんな表現で申し訳ありませんが“つまみ食い”です。

　ある事例に依存しすぎてもバランスが悪いですし、他社の事例を確かめ
ないのも問題です。取り組み事例とはうまく付き合いましょう。

1事例1つ、教訓を得る

　1事例1つ、教訓を得るぐらいの気持ちで丁度良いと思います。

　例えば、本書では、ベンツの事例で「さまざまな教育プログラムを開発
しているんだなあ」、ヨネザワの事例で「今まで積み重ねてきたノウハウ
を見えるようにしたんだ」、@cosme STOREの事例で「本部と現場の一
体感を感じる」、ニックの事例で「3年を軸にした中長期視点の取り組み
をしているんだなあ」と気づきを得るイメージです。

同業の成功事例に惑わされない

　他社事例から教訓は得つつも、自社の環境下で顧客戦略をどのように進
めるのか、考えることが基本になります。同業の成功事例をそのまま自社
で展開しようとする企業がありますが、危険です。

第3部 顧客戦略の実務 STEP 1

顧客戦略の全体を粗くても良いので、見えるようにする。

顧客戦略の
全体イメージ共有

　第1部では顧客戦略の基本について、第2部では顧客戦略の事例についてお話しました。いよいよこの第3部から、顧客戦略の実務に入っていきます。

　STEP 1の「顧客戦略の全体イメージ共有」は、顧客戦略の大枠を決めたもの。未来に想いを馳せて、現状を把握した上で、顧客戦略のゴールメッセージを作り、それを全社に向けて発信するSTEPです。一つのチーム（One Team）になって、顧客戦略に取り組んでいくことを宣言します。

　顧客戦略を進めるなかで、考えたり、迷ったり、つまずいたりした時に、「顧客戦略の全体イメージ」は戻る場所であり、拠り所となります。私達はどこに向かっているのか、どうなりたいのかが指し示してあるからです。

プロジェクトメンバーの選定

顧客戦略のプロジェクトを、誰が引っ張っていくのか？

　「顧客戦略を導入しよう」「顧客戦略をあらためて進めていこう」と決断してまず考えることは、プロジェクトメンバーの選定です。

顧客接点に関わる部署の責任者の参加

　顧客戦略は顧客との接点すべてが大事になります。顧客接点に関わる部署の責任者・実務リーダーをプロジェクトメンバーに選びます。

　リアルな顧客接点の責任者、WEBの責任者、販売促進・キャンペーンの責任者、教育・人材育成の責任者です。顧客戦略は組織を横断した取り組みです。縦割りになりがちな企業において、横串を差して組織を活性化するプロジェクトになります。

　メンバーの選定はとても大事で、プロジェクトメンバーに入っていない部署は、顧客戦略のプロジェクトに興味が薄くなります。例えば、プロジェクトメンバーにWEBの責任者が入っていないと、ネット展開が後手になり、教育の責任者が入っていないと教育部門との一体感が薄くなってしまうのです。働き方改革の中で、プロジェクトメンバーに入りながらも毎回の出席が難しい場合は、報告を丁寧に行うことがポイントになります。

専任メンバーなしでOK

　この段階では、プロジェクト専任のメンバーはいなくてOKです。実務作業が明らかになった段階で専任メンバーが必要な場合がありますが、それは先の話です。最初から専任メンバーを充実させると、他人ごとになってしまうので、それを防ぐためでもあります。

プロジェクトメンバーの構成で決まる、社内プレゼンス

　企業内では、メンバー構成によって社内におけるプロジェクトの重要度

を測る所があります。ついさらっと決めがちですが大事な所です。組織図を眺めながら、丁寧に決めましょう。

事業責任者のプロジェクト参加

　顧客戦略は、その事業の中核をなす重要な部分です。事業責任者はもちろん、その事業が企業にとって主の事業であった場合は、経営者にもメンバーに入ってもらいます。

　経営者は、ずっと参加するというよりは、本章の「STEP 1 顧客戦略の全体イメージ共有」には参加いただき、その後は、定期的な報告・出席というのが通常の形です。

2 未来予測

顧客戦略を中長期視点で考えるために、未来を予測する。

　メンバーが決まって最初のテーマは、未来予測です。顧客戦略は、中長期視点の戦略なので、まず思考を短期視点ではなく、中長期視点に切り替えます。

5つの視点で、未来に想いを馳せる

　どんな視点で未来を予測するかというと、「日本の人口変化の確認」「各種未来予測の把握」「業界規模の予測」「自社の売上目標（予測）の確認」を踏まえて、最後に顧客戦略で重要な「顧客接点における未来動向」について予測します。

1．日本の人口変化の確認

　日本のマーケットを対象に未来を予測する場合、日本の人口は大きな

テーマになります。今後のマーケット規模のベースになるからです。

　5年後、10年後、20年後、30年後の人口は大方分かります。1億人を割るのは30年後、今65才以上の人口は全体の約28％ですが、30年後には約40％になります。各地域ごとの統計もあります。未来予測の中で最も当たる確率が高いのが人口動向です。

２．各種未来予測の把握

　外部の調査会社が行っている各種未来予測の内容を把握します。業界動向・次世代技術・ライフスタイル・IT環境・デジタルサービス・医療・ヘルスケア等についてです。特に自社の事業に関わりが深いところを確認します。これらの予測がそのとおりになるかどうかというよりは、思考を未来に向けるために行います。

３．業界規模の予測

　過去の業界の市場規模の変化をベースに、３年先・５年先、業界の市場規模を予測します。さまざまな状況が絡み合うので、正確にはどうなるか分かりませんが、予測してみましょう。

４．自社の売上目標（予測）の確認

　自社の事業計画を今一度確認します。３年後、５年後の売上・利益の目標を確認します。

５．顧客接点における未来動向

　変化の激しい、早いスピードで進む業界であれば３年先、比較的落ち着いた業界であれば５年先を目途に、顧客接点の状況を予測します。

　「商品/価格」「接客」「店舗/売場」、「リアルツール/デジタルツール」、「イベント/販促キャンペーン」の５つのテーマで考えていきます。顧客が今どんな意識を持っているのか、どんな基準で商品を選択しているのか、３年後・５年後はどんな風に変わっていくのか等、商品を購入する側の変化を念頭において考えていきます。

時間軸を合わせるという視点

　私達は日々さまざまな時間軸で思考していますが、最初のディスカッションテーマとして、顧客戦略で大事な中長期の視点を扱うことで、参加メンバーの時間軸を合わせることができます。同じテーマでも時間軸が違うと、ディスカッションがかみ合わないことはよくあります。顧客戦略のディスカッションではその罠にはまらないようにします。

3 顧客接点の現在地確認

顧客との接点をリサーチして、現在地を確かめよう！

　次の**4**では顧客戦略のゴールメッセージを決めます。顧客戦略のゴールは顧客接点がどうありたいのか、決めることです。顧客接点のリサーチで顧客接点への理解が深まった上で決めることで、顧客接点で働く人と一緒に目指せるゴールを描くことができます。3つの顧客接点のリサーチを紹介します。

①顧客接点で働いている人達に向けたアンケート

　自社の顧客接点で働いている人達（店長・スタッフ・WEB担当者等）に、アンケートを実施します。「顧客の意識」「理念・目標」「チームワーク」「活動計画」「現場実践」「振り返り／改善」「スタッフ育成」「仕事の充実度」等について、現状・改善点を教えてもらいます。数値（現在のレベル）と自由記入の両方で行います。

　数値は、同じ質問をすることで、今後のプロジェクトの成果を測る基準になりますし、自由記入は現状を深く把握するのに役立ちます。スポーツジムのコンサルティングでは、このアンケートで顧客接点の状況を深く把握することができました。

②顧客接点の観察

プロジェクトのメンバーが、顧客接点から長年離れていたり、顧客接点の実務についていなかった場合に役立つのが、顧客接点の観察です。顧客接点の観察で、顧客の行動やスタッフの動き・雰囲気を掴むことができます。業績が良くも悪くもない普通の顧客接点を選んで行います。ホームページ・SNSについても行います。

さらに競合企業の顧客接点も観察することで、自社の長所・短所が見えてきます。

③顧客アンケート

顧客アンケートの結果から顧客から見た顧客接点の現状を把握します。数値はスタート時からの変化を、自由記入は、顧客が満足した意見、顧客が不満に思った意見を両方ともバランスよく確認します。偏った顧客の声に惑わされないようにします。

実施していない場合は、NPS®（ネット・プロモーター・スコア）の考え方をベースに、プロジェクトの現場展開がスタートする前に実施を検討しましょう。今後のプロジェクトの効果を検証できます。

外部リサーチ

顧客満足度・NPSについて、業界別にリサーチ会社（J.D.パワーなど）が行っている場合があります。調査項目・頻度について、いろいろな意見がありますが、活用しても良いでしょう。

リサーチから顧客接点の現在地について共通認識を持つ

①〜③の顧客接点のリサーチから、自社の顧客接点の現在地を確認します。ここでのポイントは顧客戦略を社内で進める上で、現状をどのように捉えるか、プロジェクトチーム内で共有することです。同じスタートラインに立つことでチームとしての意識合わせができます。

顧客戦略のゴールメッセージ設計

顧客戦略を魅力的に表現して、社内から期待してもらう！

　顧客接点の状況が把握できたら、顧客戦略のゴールメッセージの設計です。顧客戦略のゴールは「顧客の一つひとつの体験価値（CX）を向上させて、関わりを深めていく（CRM）ことで、顧客の数を安定的に増やしていくこと」ですが、メッセージとしては、具体性に欠けるでしょう。顧客戦略に関わるすべての人達が1つになって進んでいくゴールとして、相応しいメッセージを設計します。

ゴールメッセージの設定で大事な２つの視点

　具体的にゴールを設計するにあたって意識することは、「新しい未来を感じる」「今風でちょっとおしゃれ」「本質なところを抑えている」感じがすることです。そんなゴールを設計するために、2つの視点を抑えましょう。1つ目が「世の中の主役変化」、2つ目が「顧客から見た企業の存在価値」です。

視点① 「世の中の主役変化」

　世の中の変化について、大枠で把握します。ここの認識が古いと、顧客戦略のゴールをいくら考えても微妙に焦点がズレてしまいます。

　成長時代・低成長時代・これからの時代の3つに分けて、世の中の主役の変化についてお話します。

成長時代の主役は「売り手である企業」

　市場が成長している時代（高度経済成長・バブル時代）は、顧客の意識は「モノ・サービス」に向いていました。モノ・サービスを提供しているのは企業なので「企業が主役の時代」でした。ある意味、企業が「顧客に商品・サービスを売ってあげる世界」でした。

「企業の売上が上がり、従業員の給料が上がり、それに伴って消費が上がる、再び企業の売上が上がる、従業員の給料が上がる、消費が上がる。それによって世の中全体が豊かになっていく。」という企業中心の時代でした。

低成長時代の主役は「買い手である顧客」

少子高齢化・将来への不安などを理由に市場が低成長に入ると、待ちの姿勢では顧客が増えません。売り手が増えていく状況もあり、顧客が商品を買える場所を選べるようになりました。インターネットの広がりで情報の格差も少なくなる中で、「買い手（＝お客様）が主役の時代」になりました。

これからの時代の主役は「地域・社会」

これからの時代はどうなるのでしょうか？

東日本大震災をはじめとする災害を経験した日本では、顧客・働く人の意識が変わってきています。

内閣府が行う「社会意識に関する世論調査（昭和49年〜平成28年）」では、地域・社会への貢献の意識が高まっている傾向が見てとれます。

ネットエイジア㈱が行った「ソーシャルビジネス・社会貢献活動に関する意識調査（2015年３月実施）によると、自分の仕事が社会に役立っていることが、仕事のやりがいに深く影響を与えることが分かっています。自分の仕事が社会の役に立っていると思っている人（57.8％）の内、仕事にやりがいを感じている人は74.6％いました。一方で自分の仕事が社会の役に立っていると感じない人（42.2％）は、仕事にやりがいを感じている人が17.3％しかいませんでした。４倍以上の開きがあります。

2012年のNRIの調査で、NPO法人やソーシャルビジネス（社会的企業）の関心度を聞いた所、すべての年代で５割を超える人達が関心があると答えました。地域・社会のためにという働き方は今もっと広がっているでしょう。

これからの時代は、顧客・働く人の意識が地域・社会に向いていきます。

売り手と買い手が一緒に地域・社会を創る、「地域・社会が主役の時代」です。

　例えば、食品スーパーに勤めているAさん、メガネの会社に勤めるBさん、アパレルショップで働くCさんがいるとします。Aさんは食品を売っていますが、メガネや洋服は買っています。Bさんはメガネを売っていますが、食品と洋服は買っています。Cさんは洋服を売っていますが、食品とメガネは買っています。地域・社会の人達が売り手と買い手を入れ替わりながら、地域・社会で暮らしていることを感じていく時代です。売り手（企業）も買い手（お客様）も、地域・社会の中にいて、その一員であるという考え方です。

　特にリアルな顧客接点が中心の企業では、この考え方を意識することが大事です。もちろん、商品を売る買う世界も存在しますが、将来的にはネット通販でこと足りるでしょう。リアルな顧客接点が中心の企業では、商品を売る買う世界とは違う土俵でも、地域・社会に存在することが大事な時代です。

　成長時代の主役は「企業」でした。低成長時代の主役は「顧客」になり、これからの時代の主役は「地域・社会」と捉えましょう。そんな視点を持って顧客戦略のゴールメッセージを考えます。

あなたの意識はどの時代？

　「地域・社会が主役の時代」と言っても、ピンとこない人もいると思います。私自身今は納得していますが、自分の頭で理解してからココロからそう思うまで時間がかかりました。

　今「地域・社会が主役の時代」になっていることを身近に感じてもらうために、こんな場面を思い浮かべてください。

　あなたがある飲食店のアルバイトをしているとします。月初めに店長の挨拶がありました。A〜Cパターンを紹介します。どの話に心を動かされますか？

A「このお店は売上〇〇万が目標です。達成できるように一緒に頑張りま

　　しょう。売上目標を達成できないと利益が出ませんので、よろしくお
　　願いします。」
B「売上を上げるためには、お客様が大事です。皆さんの精一杯の力で、
　　お客様のために尽くしてください。」
C「今この地域はちょっと元気がないかもしれません。このお店に来る地
　　域の人に元気になってもらいたいと思っています。皆さん、協力して
　　くれませんか？」

　あなたがアルバイトだったら（責任が少ないアルバイトの立場で考える
のが一番自分の本音に近いです）、Cパターンが一番ココロに響きません
か。それは自分の意識が「地域・社会が主役の時代」と考えているから
です。
　ちなみにAが響いた人は、企業が主役の時代を思い描いているかもしれ
ません。Bが響いた人は、顧客が主役の時代を意識していると考えていい
でしょう。A～Cの店長の挨拶はどれも正しいのですが、今の時代を捉え
ているのは、Cです。Cパターンで挨拶する方がより多くのスタッフの心
に届くでしょう。
　Aを選んだ人が、顧客戦略のゴールイメージの設計をリードしていく
と、正直、厳しいですね……。考えが間違っている訳ではないのですが、
古いのです。

世の中の変化は、顧客の捉え方も変えていく

　世の中の主役の変化によって、顧客の捉え方も変わっていきます。それ
によって顧客戦略のゴールメッセージのトーンも変わります。
　成長時代、企業にとって顧客は、「商品・サービスを売りたい人」です。
「ターゲット（標的）」という言葉はまさにそれを言い表した言葉でしょう。
　低成長時代、企業にとって顧客は、「商品・サービスを買ってくれる人」
です。この時代に顧客満足（CS）が出てきたのもうなずけます。
　これからの時代、企業にとって顧客は、「自社が商品・サービスを通じ
て世の中に示した価値を共有してくれた人」です。同じ価値観を持った仲

間・友達のような存在です。

視点②「顧客から見た企業の存在価値」

　これからの時代は地域・社会の時代というお話をしましたが、企業は、どんな存在だったら、地域・社会その中にいる顧客から今よりも受け入れられるのでしょうか。

　どんな存在になれば、地域・社会・顧客と関わりを深めることができるのでしょうか。

一人の消費者から見ると企業は小さい存在

　地域・社会の時代では企業は主役ではありません。存在を許されるかどうか、という弱い存在です。多くのカテゴリーで、たくさんの企業があるからです。

　化粧品、アパレル、食品の企業をネットで調べると、数え切れない程の企業が出てきます。普通乗用車の自動車メーカーは大手で７社ありますが（トヨタ・日産・ホンダ・スズキ・ダイハツ・スバル・三菱）、どれか１つなくなったとしたら、業界として、そこで働く人にとって、取引先やファンには多大な影響がありますが、一般的な消費者から見ると、生活に大きな影響はありません。ある企業・ブランドがなくなっても商品を購入するにあたって、選択肢が一つ減るだけです。もちろん、そうではないレアな業界もありますが。

　地域・社会と共存する意識を持つことが大事です。自社がどうすれば、地域・社会の中で居場所を広げられるか、共存することができるのか、そんな視点を持って顧客戦略のゴールメッセージを考えましょう。

企業が地域・社会と共存するために

　今よりも一つの企業が地域・社会と共存するには、「地域・社会にいる人達が企業に対して望んでいること」を、顧客との接点で届ける事が一番のテーマになります。顧客はどんなことを望んでいるのでしょうか。私は西洋哲学の"真""善""美"に、"快""便"を加えた５つのキーワードで

おおらかに考えることをおすすめしています。

　地域・社会にいる人達の生活・日常が「今よりも"真"理（顧客が'真'に望んでいる'理'想）に近づく」「今よりも"善"くなる」「今よりも"美"しくなる」「今よりも"快"く感じる」「今よりも"便"利になる」ことをイメージしましょう。そんなゴールメッセージは、企業が地域・社会と今よりも共存することに導いてくれます。

ゴールメッセージの決定

　2つの視点（①世の中の主役変化、②顧客から見た企業の存在価値）を踏まえて、ゴールメッセージを決定します。より分かりやすい表現、直感的に理解しやすいゴールメッセージは、顧客接点のスタッフも含めて、企業全体の顧客戦略への意識を高めます。正しいメッセージというよりは、ノリが良くなる、ちょっとした遊びココロを入れる感じでしょうか。

　第2部で紹介したメルセデス・ベンツでは「お客様に喜びを感じていただく（Driven to Delight）」＝「最高の顧客体験を届けること」がゴールメッセージでした。

　意外と抽象的な表現の方が良い場合があります。ゴールメッセージについては、人によって解釈の幅がある方が人の想像力をかきたてるからです。

　競合との差別化という視点を考える人がいますが、ブランドのメッセージではないので、あまり神経質にならなくて大丈夫です。まったく同じではいけませんが、顧客戦略のゴールメッセージは、どうしても似通ってしまうところがあります。

数字を使ったサブメッセージを加える

　ゴールメッセージが決まった後に、それをどのレベルで（業界No.1の□□□、地域No.1の□□□、○○リサーチでベスト3等）実現したいのか、もしくは、どのくらいの量（会員数○○○○人、ロイヤルカスタマー○○○人、月1回来店のお客様○○○人等）を獲得したいのか、数値で表したサブメッセージを加えると、メッセージ全体のパワーが増します。

　私がおすすめしているのは、顧客の数が入ったサブメッセージです。顧

客戦略が目指す所は、安定した顧客数のアップだからです。ゴールとなる顧客数が明らかになると、ランク別の顧客数のゴールも大方決まり、売上規模もある程度、見えてきます。顧客戦略を財務的な側面から捉えることができるので、顧客戦略の社内の地位が上がります。

プロジェクトの名称決定

　ゴールメッセージが決まったら、顧客戦略のプロジェクトの名称を決めます。"名は体を表す"という言葉があります。たかが名前、されど名前。やはり名前は大事です。今までの経験上、名前にインパクトがある場合は、社内の存在感が上がりました。

　A社では固定客育成の進化をテーマに、一人ひとりのお客様に10年間通い続けてもらえるように「10年顧客プロジェクト」と命名しました。

　B社では高額品・購入頻度が低いビジネスを行っており、売りっぱなしの状況がありました。そこで生涯に渡って、顧客に来店し続けてほしいという想いを込めて、「生涯顧客プロジェクト」としました。

言葉選びで気をつける事

　プロジェクト名を決めるにあたって必ずという訳ではありませんが、避けた方が良い言葉があります。それはアルファベット3文字、長いカタカナの使用は避けることです。

　例えば、CRMというアルファベット3文字は、本部スタッフはイメージしやすいですが、顧客接点に近い人からするとイメージしづらいです。カスタマー・エクスペリエンスのような長いカタカナも同様です。

　やはり日本語が良いです。顧客戦略は経営層・本部だけで完結することはないからです。顧客接点を担う人達のココロになじむ言葉にしましょう。プロジェクト名は新しい言葉でありながら、どこか懐かしさを感じさせる言葉がおすすめです。

プロジェクトメンバーで、意見を出し合って決める

　プロジェクトメンバーみんなで意見を出し合いながら、顧客戦略のゴー

ルメッセージ・プロジェクト名称を決定します。いくつかの候補に絞られ
たら、多数決で決めることも有効です。上司の意見に左右されがちな企業
では、ユーモアも交えながら、無記名で意見収集するのも一つの方法です。

　ゴールメッセージ、プロジェクト名の言葉選びは、"仕事ができる人"
が考えると、固くなりがちなので気をつけましょう。

キレイ事の大事さ

　顧客戦略のゴールメッセージ・プロジェクト名称を決める中で、キレイ
事に寄りすぎではないかという声をもらうことがあります。「ビジネスは
そんなキレイ事では成り立たない」という感じです。確かに会社経営全体
の視点では、キャッシュフローの問題や会社の外側にいる株主という存在
もあり、キレイ事だけでは済まされないことが多いでしょう。

　ただ、顧客戦略においては、企業視点の発想を一端置いて、企業の存在
価値をキレイ事から捉え直します。顧客は企業に対してキレイ事を望んで
いるからです。私達も一人の消費者としては、企業にキレイ事を望んでい
ますよね。その感覚を重く受け止めましょう。

　これは笑い話なのですが、ある企業で行った顧客戦略の会議中に「ビジ
ネスはキレイ事だけではない」と言っていた人と、会議終了後、居酒屋に
一緒に行ったのですが、店側にちょっと粗相があった時に、「ここのお店
は顧客対応が行き届いていない」と怒っていました。顧客の立場になると
人は誰でもキレイ事を求めるものなのですね…。顧客戦略におけるキレイ
事の重要性を実感した夜でした（笑）。

顧客戦略の改善テーマ洗い出し

現在地とゴールのギャップを埋める、改善テーマを考えておく。

　3で現状を確認し、**4**でゴールメッセージを決めました。ここでは、現状とゴールの間を埋める改善テーマを洗い出します。

この段階で「改善テーマ」を考えておくべき理由

　どうしてこの早い段階で改善テーマを明らかにしておくのでしょうか。「ある程度進んだ段階で、改善テーマを明らかにすればよいのでは…」という考え方もあります。ただ、早い段階でどんな改善テーマがあるのか、イメージを持っておくことで、これから顧客戦略を進めるなかで、どんな仕事に繋がっていくのかイメージできます。さらに、今進んでいる実務にも顧客戦略を反映することができます。

どんな「改善テーマ」が考えられるのか？

　顧客戦略の改善テーマは、自分が属している部署から離れて、プロジェクトメンバーみんなでざっくばらんにディスカッションしながら、洗い出していきましょう。部署の壁を超えることも、顧客戦略の大きな価値だからです。

　具体的には、現在地とゴールをイメージしながら、「顧客接点にどんなサポートが必要になるのか」「どんな "戦略ツール" を使うのか」「どんな "教育" を届けるのか」「どんな "評価" が必要になるのか」「どんな形で "PDCA" を廻すのか」「どんな "WEB展開" が必要になるのか」などが中心になります。次ページで、今までのコンサルティングの場面で出た改善テーマの一部を、挙げておきます。

＜改善テーマ例＞

戦略ツール
- ・接客理念（クレド）の再構築
- ・カスタマージャーニーマップの作成
- ・活動マニュアルの制作

教育
- ・現場リーダー向け教育プログラム
- ・スタッフ向け教育プログラムの構築・展開
- ・商品理解促進の教育プログラムの構築・展開

評価
- ・お客様アンケートの実施
- ・従業員満足度アンケートの実施
- ・顧客戦略分野の人事評価の追加

WEB展開
- ・ホームページのリニューアル
- ・SNSの強化
- ・CRMシステムの強化
- ・MAシステムの導入
- ・成功事例の共有サイト構築

ディスカッションの注意点

　この段階では「改善テーマ」を挙げるだけです。改善手段の具体的な中身は、詳しくディスカッションしないでOKです。表現は難しいのですが、さらっとした形で終えます。STEP 2以降で丁寧に検討するタイミングがあります。

6 顧客戦略の全社プレゼンテーション

顧客戦略の全体イメージを、より多くの社員・スタッフと共有する！

　顧客接点の現状、ゴール、改善テーマで「顧客戦略の全体イメージ」を構成する要素が出揃いました。それを顧客戦略の該当部署・顧客接点を担う人達はもちろん、できる限り多くの人に伝えるために、全社に向けたプレゼンテーションを行います。

全社的に知らせるタイミング

　顧客戦略は、どのタイミングで全社に向けて明らかにするべきなのでしょうか。２つの道があります。１つ目はすべてが整ってから全社的に知らせる道です。教育プログラムなどの内容もある程度固めた段階です。プロジェクトスタートから半年くらいかかるでしょう。２つ目はもっと早く知らせる道です。顧客戦略の全体イメージが描けた段階です。

　どちらも正しいのですが、２つ目が良い選択です（他の戦略の場合は１つ目の方が良い戦略もあります）。顧客戦略の場合は、本部で顧客戦略に関わる情報を抱え込んでいると、なんとなく情報が細切れで伝わってしまい、不信感が生まれたりします。顧客接点で働く人から「ま、本部で進めていることなんでしょう…」となんとなくネガティブに捉えられてしまうことがあります。顧客接点を担うスタッフから良い印象を持たれません。早めに知らせる事で、顧客戦略の事を頭の隅で意識してもらうことができます。協力したい気持ちを育んでもらえれば、より望ましいです。

プレゼンテーションをする人・伝える場面

　プロジェクトリーダー（社長 or 事業責任者）がプレゼンテーションを行います。

　伝える場面は、できる限り多くの人が参加する会議・セミナーで行います。場所・時間の問題で、全員が出席することができなくても、主要メン

バーが参加するミーティングで発表を行い、その動画をネット上で共有
し、できる限り多くの人の目に触れるようにします。プロジェクトが本格
化する中で、ネット上の動画を活用する場面が増えるので、先のことも考
えて、動画を視聴する習慣や、環境を整備するキッカケにします。

プレゼンテーションの中身

　プレゼンテーションの中身は、今までプロジェクトチームでディスカッ
ションしてきた内容です。「①顧客接点の現状」「②顧客戦略のゴール」「③
改善テーマ」から成る「顧客戦略の全体イメージ」です。①と②だけでは
発表しても、ただ花火を打ち上げているだけのように見えます。**5**で考え
た改善テーマが効いてきます。顧客戦略が無事出発できるように中身を考
えましょう。

プレゼンテーションの見せ方

　プレゼンテーションは、文字情報だけではなく、顧客戦略の全体イメー
ジを絵（イラスト）にすることで、伝わる力が飛躍的に高まります。言葉
だけではなかなか頭の中でイメージを広げられません。絵（イラスト）に
することで、多く人の印象に残る可能性が高まります。
　「文字データ」と「絵データ」のデータ容量をパソコンで確認すると、
桁が違いますよね。それが潜在的に持っている、伝える力だと捉えてみて
下さい。絵（イラスト）に起こすことで、コストがかかりますが、それ以
上の効果が期待できます。

プレゼンテーションが与える印象

　プレゼンテーション全体の印象としては、新しい取り組みならではのワ
クワクした気持ちが湧くように、これからの会社の成長に繋がるイメージ
を抱いてもらえるようにします。顧客接点で働く人達が聞いた後にどんな
印象を持つのかを重視しましょう。

━━ コ ラ ム ━━

生きたディスカッション、死んだディスカッション

　「顧客戦略の全体イメージ」を決めていくディスカッションは、顧客戦略の最初のディスカッションです。このディスカッションの雰囲気は、今後の顧客戦略のディスカッションの雰囲気を決めることになります。

　ディスカッションの雰囲気を決めるのは、プロジェクトメンバー個々の性格・メンバーの構成もありますが、ファシリテーター（進行役）の会議の進め方が大きな鍵を握っています。自由闊達な生きたディスカッションになるか、決まりきった死んだディスカッションになるか決まります。

　よくあるのが、実質的にディスカッションにならないことです。ディスカッションの場なのですが、普段の役職・立場の影響がありすぎて、メンバーが思ったことを気軽に発言できません。ちょっと気軽な発言をすると、上司がたしなめる場面が頻繁に起こる状況です。こうなると厳しいです…。

　そもそもディスカッションになっていないので、プロジェクトメンバーを集める意味がなくなり、ディスカッションの場自体が少なくなっていきます。顧客戦略は勢いを失っていきます。

　私が顧客戦略のディスカッションのファシリテーションをする際に、心掛けていることは、全員に考えてもらう事、それを全員に発表してもらう事です。これが自由闊達な生きたディスカッションのベースになります。

第3部 顧客戦略の実務 STEP 2

顧客戦略を、どんな仕組みで動かしていくのか "見える" ようにする。

顧客戦略の
仕組みの見える化

　STEP 1で顧客戦略の全体イメージができたら、それをどのように自社に落とし込んでいくか明らかにするために、顧客戦略の仕組みを見える化するSTEPへ進みます。顧客戦略全体の仕組みを見えるようにして、プロジェクトメンバーはもちろん、より多くの人と、顧客戦略がどのように展開されていくのか、また全社的な取り組みであることを共有していきます。

　顧客戦略の仕組みを見える化する事で、顧客戦略が企業の未来に大きな影響を与えることを実感でき、顧客戦略を進める1つひとつの仕事に想いを持って、丁寧に取り組むことができます。

顧客戦略の仕組み化、3つの視点

そもそも仕組みづくりには、どんな視点が大事なのか？

そもそも仕組みは、どのように描けば良いのでしょうか。

3つの視点があります。「仕組みに関わるすべての要素が含まれている＝網羅性」、「すべての要素の関係が明らかになっている＝関係性」、「循環する仕組みになっている＝循環性」です。

この3つは、顧客戦略の仕組みを見える化する上でもポイントになります。

1つ目の視点：顧客戦略に関わるすべてを網羅した仕組み＝網羅性

顧客戦略を進めるために必要な、顧客戦略のゴール、顧客接点を担う人材の成長・評価、教育プログラムの構築・改善、顧客接点の事例収集・成功場面の再現、活動のP（計画）D（実践）C（振り返り）A（改善）、チームワークの醸成、顧客の評価、CRM・MAなどをすべて含めて、仕組みとして見える化します。

なぜ網羅的でなければならないかというと、ある内容がうまく機能していても、他の内容が仕組みから抜け落ちていると、そこから綻びが生まれます。その綻びの影響で、全体の仕組みがうまく廻らなくなるからです。

例えば、顧客戦略を「既存顧客向けのDM・メール」だけで捉え、教育プログラムやPDCAの仕組みを考えないで進めると、短期的な成果は出ても、顧客戦略を定着させることができません。

また、顧客戦略を「現場リーダー向けの教育」のみで捉えていた場合、教育に参加していないスタッフ向けの対応や、人材の成長と評価、成功事例収集の流れを考えておかないと、いくら熱心に現場リーダーが顧客戦略に取り組んでくれても、いずれうまく廻っていかず、顧客戦略のゴールに辿り着くことができません。

繰り返しになりますが、顧客戦略の仕組みを構築するにあたって「必要

な要素をすべて含めた仕組みづくり＝網羅性」が大事です。顧客戦略の仕組みは、大きな器で構築していくものです。

国の省庁で考える網羅性

「仕組みの網羅性」について理解を深めてもらうために、すこし話が大きくなりますが、1つの国家を考えてみましょう。国家には、国民の生活を守る、国民を豊かにする、国家を繁栄させるという目的があります。その目的を実現するために、税金を集めて分配する、外国と貿易をする、医療を提供する、治安を守る、資金を循環させる、外国に行った自国民を守る、法を制定してそれを守らせる、災害（地震・火事など）から国民を守る、未成年の教育を行うなど、国の仕組みは実に網羅的です。それを財務省、経済産業省、厚生労働省、総務省、警察庁、金融庁、外務省、防衛省、文部科学省、法務省、消防庁など、さまざまな省庁でその役割を担っています。

これらのどれかが、もし存在しなかったとしたら、その部分から国民生活が脅かされることになります。どの分野も国民の生活を守る、国民を豊かにする、国家を繁栄させるために、外せない分野です。目的実現のためにある仕組みに網羅性は欠かせません。

2つ目の視点：顧客戦略の全体と部分の関係が明確な仕組み＝関係性

2つ目の視点は、「全体と部分の関係を明確にする」ことです。なぜ、関係性が重要かというと、全体と部分の関係が明らかになっていることで、1つひとつの部分が嚙み合い、顧客戦略がスムーズに進むからです。

逆に、全体と部分が明確になっていなければ、1つひとつの部分の精度を高めることに一生懸命になり、全体の改善を省みないという現象が起きます。顧客戦略において全体と部分を考えると、部分とは「顧客戦略に直接的・間接的に影響を与える1つひとつの部分」、全体とは「1つひとつの部分を明確に位置づけた体系」です。顧客戦略の仕組みをダイナミックに創造します。

野球チームで考える関係性

　全体と部分の理解を深めてもらうために、１つの野球チームを考えてみましょう。チームの最終目標は勝利を掴むことですが、それを実現するためには、「チームの目指すべきチームスタイル（ex.長打力中心の攻めの野球、継投策中心の守りの野球、足を使ったスピード野球）」という"全体"と、「各プレイヤーの役割（ex.高出塁率の１番バッター、チャンスに強い４番バッター、６回まで抑える先発ピッチャー、堅実な守備のショート）」という"部分"を、監督・選手みんなで共有している必要があります。それによって、チームをまとめあげることができ、最終目標である勝利に近づきます。

3つ目の視点：顧客戦略のノウハウが循環する仕組み＝循環性

　3つ目の視点は、「ノウハウが循環し続ける構造を持つ」ことです。顧客戦略では、顧客の変化に対応する仕組み、顧客接点の成功事例が循環する構造、スタッフの成長が成長を呼ぶ流れなどを仕組みに内在させることで、一時的なものではなく、中長期に渡って仕組みが廻ります。

地球環境で考える循環性

　循環構造について、理解を深めてもらうために、地球や人間になくてはならない水について考えてみましょう。小学校の理科の授業を思い出してください。水はどのように生み出され続けているかというと、まず、海水が地球の熱で少しずつ蒸発します。蒸発した水は雲になり、雨が降ります。雨が降ると雨水がダムに貯蔵され、浄水場で洗浄されて、人間がその水を使います。使った水は、洗浄されて川に流れ、再び海に行き着きます。このような循環構造を持つことで、水は枯れることなく、生み出され続けています。

　3つの視点は抽象論なので、実際にどんな仕組みになるのか、イメージが湧きづらいと思います。次ページでは、顧客戦略の仕組みを見える化した実例をご提示します。

顧客戦略の仕組みの見える化例

顧客戦略の仕組みを見える化した実例を、紹介します。

■では、顧客戦略の仕組みを見える化するために必要な、3つの視点をお話しました。見える化は、各社の事業形態・社内体制によって違いますが、実際にどんなイメージのものができあがるのか、1つの例をお伝えします。顧客戦略のプロジェクト名が「10年顧客プロジェクト」で、その仕組みを見える化した実例です。

1つ目の視点：10年顧客に関わるすべてを網羅した仕組み＝網羅性

まず10年顧客の仕組みを見える化するにあたって「10年顧客に必要な要素をすべて網羅した仕組み＝網羅性」を考えました。

9つの項目が挙がりました。「企業の理念・理想的な顧客体験（CX）」「10年顧客の現場の未来像構築（カスタマージャーニー等）／目標数値」「10年顧客を育てるスタッフの成長の仕組み・評価制度への反映」「10年顧客の現場活動の教育・研修（Eラーニング）の実施」「10年顧客の現場活動の見える化（マニュアル化）・シナリオ作成（MA活用）」「10年顧客の現場事例の収集・成功場面の再現・教育内容の改善」「10年顧客の活動計画の作成」「10年顧客の活動実践」「10年顧客の振り返り・改善」です。

（経営層が進める内容）
- Ⅰ．企業の理念・理想的な顧客体験（CX）
- Ⅱ．10年顧客の現場の未来像構築（カスタマージャーニー等）／目標数値
- Ⅲ．10年顧客を育てるスタッフの成長の仕組み・評価制度への反映

（本部スタッフが進める内容）
- Ⅳ．10年顧客の現場活動の教育・研修（Eラーニング）の実施
- Ⅴ．10年顧客の現場活動の見える化（マニュアル化）・シナリオ作成（MA

活用）

Ⅵ．10年顧客の現場事例の収集・成功場面の再現・教育内容の進化

（顧客接点のスタッフが進める分野）

Ⅶ．10年顧客の活動計画の作成

Ⅷ．10年顧客の現場実践

Ⅸ．10年顧客の現場振り返り・改善

2つ目の視点：10年顧客の全体と部分の関係が明確な仕組み＝関係性

　続いて2つ目の視点は、「全体と部分の関係を明確にする」ことです。1つ目であげた9つの要素を1つの図解に表現しました。全体と部分を意識して、下にある図解を確かめながら、Ⅰ〜Ⅳの象限の右上にある1〜9の数字の順番で、以下文章を読んでみてください。

　「企業の理念と理想的な顧客体験（CX）をゴールに（1）、10年顧客をベースに現場の未来像・目標数値を掲げ（2）、それを実現するために、日々の活動をマニュアル化・シナリオ化し（3）、そのマニュアル・シナリオ

顧客戦略の仕組み化実例「10年顧客戦略の全体像」

を使って現場教育を行い（４）、丁寧に計画-実践-振り返りを行う（５～７）。現場の事例を共有することはもちろん、教育プログラムを進化させていく（８）。それによってスタッフは成長していき、そんなスタッフを評価する（９）。

　１～９の流れをプロジェクトメンバーでいつも確認して、「10年顧客プロジェクト」を進めていました。

顧客戦略の仕組みを描く際は、シンプルさもポイント

　全体像を見た時に、もっと複雑なものを想像していた人もいるでしょう。確かに実務はもっと複雑な動きがありますが、このくらいがOne Teamで顧客戦略を進める全体像として適切です。これ以上情報量が増えると、忙しい経営層・論理的思考が苦手な顧客接点のリーダーのココロに入っていきません。記憶に残りません。顧客戦略の仕組みを描く際は、あえて情報を省くこともポイントになります。

3つ目の視点：10年顧客のノウハウが循環する仕組み＝循環性

　3つ目の視点は、「ノウハウが循環し続ける構造を持つ」ことです。5つの循環する仕組みを持たせました。

循環１ 「現場未来像の更新サイクル」

　10年顧客を進める上で、現場の未来像（カスタマージャーニー等）は根幹になるものですが、毎年リニューアルを繰り返していきます。経営理念は毎年変えることではありませんが、現場の未来像は、動きがあるものです。仕組みの中に「現場未来像の更新サイクル」を組み込みます。

循環２ 「現場PDCAサイクル」

　10年顧客を育てる活動を計画して、実践して、振り返り、改善していくことを丁寧に行います。このような現場レベルの計画-実践-振り返り-改善という「現場PDCAサイクル」を仕組みの中に組み込みます。

循環3 「事例共有と再実践サイクル」

　10年顧客の現場活動を実践すると、成功事例と失敗事例が出てきます。多くの事例からセレクトして、事例を共有します。その事例をヒントに、他の顧客接点で再実践されるところまでもっていきます。再実践することで、高い学習効果が生まれます。仕組みの中に「事例共有と再実践サイクル」を組み込みました。

循環4 「現場教育の進化サイクル」

　10年顧客で重要な現場教育は、常に改善を繰り返して進化させます。具体的には現場のPDCAを繰り返すなかで生まれた鉄板活動や、新しいシナリオ（MA）等を加えて、新しい教育内容を生み出していきます。仕組みの中に「現場教育の進化サイクル」を組み込みます。

循環5 「現場スタッフの成長サイクル」

　10年顧客を育てるために一番大事な顧客接点の改善には、スタッフの成長が欠かせません。仕組みに「現場スタッフの成長サイクル」を組み込みます。

顧客戦略の仕組み化実例「10年顧客戦略の全体像」

　顧客戦略の仕組みの見える化は、プロジェクトメンバーみんなでディスカッションしながら、作りましょう。ディスカッションしながら仕組みを作っていく過程で、プロジェクトメンバー同士の顧客戦略全体のイメージが共有されていきます。One Teamに近づいていきます。

コラム

必要な仕組み、でも、できない仕組み

　この章では、「顧客戦略の仕組み」についてお伝えしました。顧客戦略に限らず、いろいろな戦略を進めるためには、仕組みづくりがポイントになります。特に顧客戦略のように中長期の取り組みではその重要度が増します。このことを認識している企業も多いでしょう。

　ただ、仕組みづくりが重要なことがわかっていることと、仕組みを見えるようにして、構築できるかは別問題です。「ウチの会社は仕組みができていない…」と嘆くばかりで、仕組みについて手を付けない、見えるようにできないことがよくあります。

　ある企業の顧客戦略です。顧客戦略を組みとして動かしたいという願いはあるものの、1年単位の教育プログラムでしか進めていないので、点としての効果はありますが、会社として大きな変化はありません。

　仕組みづくりは一見難しそうですが、丁寧に見える化して、実際に進めながら微調整していくことで、仕組みづくりは前に進み、完成度を高めていくことができます。"仕組みは見えるようにできる、仕組みは創れる"、と考えることから、はじまります。

第3部 顧客戦略の実務 STEP 3

顧客に、どんな感情を持って行動して欲しいのか、設計する。

理想的な顧客感情（行動）の設計

　　STEP 1で「顧客戦略の全体イメージ共有」ができ、STEP 2で「顧客戦略の仕組みの見える化」ができたら、いよいよSTEP 3「理想的な顧客感情（行動）の設計」です。

　　顧客接点で「顧客にどのような感情を抱いてもらいたいのか（＝顧客にどんな体験をしてもらいたいのか？）」、その結果、「顧客にどんな行動をしてもらいたいのか」をカスタマージャーニーで設計して、社内で共有するSTEPです。

　　カスタマージャーニーを実践していくには、顧客接点を担うスタッフの感情（モチベーション）が重要です。カスタマージャーニーの設計と同じように、スタッフジャーニーも作成します。顧客・スタッフ、両方の視点から、理想をイメージして、共有するのがSTEP 3です。

1 顧客接点の心掛け

顧客接点では、どんな考え方を大事にするのか、決める。

STEP 3で中心になるのは、❷で紹介する顧客接点で顧客の感情（行動）を設計するカスタマージャーニーです。ただ、顧客の感情を動かす（＝顧客体験の価値を上げる＝ CX 向上）には、そのベースとして、顧客接点を担うスタッフ（店舗・施設などの現場リーダー・スタッフはもちろん、顧客とのデジタルの接点であるホームページ・SNSの担当者）一人ひとりの感情（心掛け）が、大事になります。

感情はやっかいなもので、どうしても自分本位になりやすく、水が低い所へ流れるように、易きに流れやすいものです。私自身を顧みてもそう思います。身に着けた技術は、ある時で大きく変わったりしませんが、感情は毎日の状況・場面ですぐに変わってしまいます。そんな不安定なものだからこそ、顧客接点の心掛けを決めることで、顧客接点を担うスタッフが今よりも自分を律することができ、整えることができます。

顧客接点の心掛けとは？

顧客接点の心掛けとは、顧客接点を担うスタッフが「目の前にいる顧客」「スマホ・パソコン越しにいる顧客」一人ひとりに対して、どんなことを大事にして接するのか、決めたものです。

「顧客接点の心掛け=クレド」とイメージしてもらえると分かりやすいでしょう。ただ、クレド作成となると話が大きくなりすぎて、社内での進みが遅くなるので、まず「顧客接点の心掛け」として構築していく方が良いでしょう。それが後にクレドになる場合もあります。

すでにクレドがある企業の場合は、ケースバイケースです。クレドをそのまま顧客接点の心掛けとして採用する場合もあれば、今のクレドは置いておいて、顧客接点の心掛けを構築していく場合もあります。

顧客接点の心掛けが必要な２つの理由

　１つ目は、顧客戦略は、顧客接点を進化させていく取り組みです。顧客接点のスタッフにとって新しい世界です。そんな新しい世界に一歩踏み出してもらうためには、新しい考え方を持つことが必要で、それが顧客接点の心掛けです。顧客接点の心掛けで、顧客接点のスタッフは新鮮な気持ちで、顧客戦略に取り組むことができます。

　２つ目は、顧客接点の心掛けは、こうあったら望ましいという、ある種の理想です。カスタマージャーニーを描く前の段階で、顧客接点の理想を描いておくことで、カスタマージャーニーを現状の延長線上で考えることから離れることができます。

　通常、顧客戦略（CX・カスタマージャーニー・CRM）では、顧客接点の心掛けまで踏み込みません。顧客戦略を推進するにあたって、顧客接点を担うスタッフと一緒に進めていく意識が、少ないからかもしれません。

顧客接点の心掛けの作り方

　実際にどのように顧客接点の心掛けを考えていけばよいのでしょうか。大切になるのが時代背景を踏まえて作成することです。これからは、企業と顧客が一緒に地域・社会を創る、「地域・社会」の時代になり、時代の主役は、「売り手である企業」でも「買い手である顧客」でもなく、「地域・社会」になっていることをお伝えしました。今以上に顧客とココロの部分で触れ合うことが大事になっています。これはリアルでもネットでも同じです。そんな時代背景を踏まえてぜひ、顧客接点の心掛けを考える時に切り口にしてもらいたいのが、「共感」「共振」「共有」という３つのキーワードです。

「聞く」ではなく「共感」

　共感とは『顧客が考えていること・気持ち（願い・不安）に、顧客接点のスタッフが 'そうなんですか…' 'なるほど…' と深く感じ入ること』です。

　共感と似た言葉に、「聞く」という言葉があります。お客様が口にした

言葉を受け止めるイメージがあります。一方で「共感する」という言葉には、お客様が口にした言葉に加えて、言葉で表現しないこと（＝はっきりと言葉にできないこと）までも感じ取るイメージがあります。

　まずお客様の話を聞くことが大事ですが、さらにお客様が発した言葉を共感レベルまで感じ取る（お客様が言葉にできないことも感じ取る）ことで、顧客がココロを開いてくれて、さらに深く聞くことができます。

　ネットでは、訪問数・ページビュー・滞在時間・離脱率・コンバージョン率など、顧客のネット上の動きが数値で詳しく分かります。ただ数値は、顧客がどうしてそう動いたのか、理由まで教えてくれるわけではありません。スマホの向こうにいるお客様に共感して、推しはかっていくことになります。

「伝達」ではなく「共振」

　共振とは『顧客接点のスタッフが身近な専門家としての考え方・捉え方を伝えて、‘そういう見方があるんだ〜’‘そうなのか〜’と顧客の心が動くこと』です。

　「共振」はスタッフ側がココロを震わせて何かの意図を届けて、それを聞いたお客様もココロが震えるイメージを持ってください。単に情報を伝える「伝達」とは違います。

　ネットの場面では、ホームページの更新内容、SNSの投稿において、スマホの向こうにいるお客様のココロを動かす、ココロが震える内容をアップしていくことになります。

「販売・購入」ではなく「共有」

　共有とは『顧客がココロから望んでいることを、顧客と顧客接点のスタッフが共に手に入れていくこと。喜び合うこと』です。

　モノを売り買いする関係では「販売・購入」で終わりになりますが、これからの顧客戦略の世界では、「販売・購入」がむしろスタートで、顧客が本当に手に入れたい事を実現していくまでを「共有」することをイメージしてください。

　ネット上では顧客がモノを購入した後に、喜んでいる場面をSNSで投稿することで共有が広がっていきます。最近注目されている顧客が作成したコンテンツ（UGC：User Generated Contentsの略）の活用は、共有の拡大を意図した取り組みです。

プライベートスポーツジムの「共感」「共振」「共有」

　「共感」「共振」「共有」の3つの考え方は、プライベートスポーツジムの仕事で感じたことでした。同業他社と比べて高額なのですが、現場で働くトレーナーが「共感・共振・共有」を届けて、顧客が大いに満足していました。

　このプライベートスポーツジムでは、お客様のやせたい理由・願い・不安にグッと、共感していきます。「2ヵ月後に結婚式を控えている」「いろいろなダイエットをしたけど、結局成功しなかった…」そんなお客様の声に、トレーナーが「そうなんですか…」「なるほど…」と深く感じ入ります。

　普通のスポーツクラブでは入会理由は聞かれないかもしれません。理由を伝えたとしても、スタッフに深く共感してもらえることは少ないと思いませんか？少し時間が経つと忘れられているかもしれません。

　優秀なトレーナーは、身近な専門家として、ダイエット・カラダづくりの考え方・捉え方を伝えて「そういう見方があるんだ〜」「そうなのか〜」と顧客が尊敬していました。まさに「共振」です。

　具体的には「あるトレーニングを行う理由」「食事内容に対する返信メッセージ」で示していました。お客様が食べる量が多いと「どうして今回、ダイエットをすると決意したのか、もう一度思い出してみませんか？」等と投げ掛けます。

　普通のスポーツクラブの場合、専門家として、考え方・捉え方をあまり強く伝えないかもしれません。対応は良くても、顧客のことを想ってココロから伝えなくては、顧客のココロは震えません。

　このプライベートスポーツジムの「共有」は、一人ひとりのお客様がココロから望んでいること、例えば「2ヵ月で7kgやせる」ことを届けて、顧客とトレーナーで喜び合うことでした。お互いがハッピーになっている

場面が、日常的に生まれていました。

　普通のスポーツクラブでは、顧客一人ひとりが望んでいることに、トレーナーが強い関心がないのを顧客も知っているので、達成できても伝えないかもしれません。喜び合うことが少ないでしょう。

顧客接点の心掛けを決める

　具体的に、顧客接点の心掛けは、「共感」「共振」「共有」で３つ、プラスでその企業ならではのことを２つ加えて、５つぐらいで決めるのがおすすめです。８つ、９つと設けている企業もありますが、多すぎると日々意識することが難しくなります。

顧客接点の心掛けを共有する

　心掛けは人の感情をテーマにしています。感情は常に不安定なものなので、朝礼・週ミーティング・月ミーティングなどで、意見交換することで、浸透していきます。名刺サイズにして、いつも胸ポケットに携帯すると良いでしょう。顧客接点の心掛けは、本部と顧客接点を１つのチームに、顧客接点で働く人達を１つのチームにしていく道筋で活躍してくれます。また何か迷ったり困ったりした時の拠り所であり、判断基準になります。

アパレルショップの顧客接点の心掛け

　次ページ以降で、アパレルショップを想定した、顧客接点の心掛けをご紹介します。自社で作成する際の参考にしてください。

10年顧客の心掛け 1

1. お客様に想いを馳せてハッピーを届ける。

**お客様一人ひとりに想いを馳せて、お客様にちょっとした
ハッピーが訪れるファッション（アイテム）を伝えて、
実際にそれを手に入れてもらう。**

洋服を見に行こう、買おうと思った時に、
価格が安いお店がたくさんある中で、お客様は
どうして私達のお店に来てくれるのでしょうか？

ずっと来ているから、親しみを感じるから…、
いろいろな理由があると思いますが、
自分がハッピーになれる洋服・ファッションと出会う
ことができて、「今よりも洋服を着ている自分の姿が
良くなるから」ではないでしょうか？

そんな世界にお客様を連れて行ってあげるために、
どんな意識を持つことが大切なのでしょうか？

お客様一人ひとりに想いを馳せることが大事です。
想いを馳せるとは、お客様の過去のこと（前回来店
の時、半年前、3年前、来店しはじめの頃）、未来のこと
（来週、1ヶ月後、半年後、1年後、3年後、10年後）を
走馬灯のようにイメージすることです。

そんなスタッフがいるお店があったら、私達もお客様として
通い続けたいと思いませんか？

2. ちょっとした改善を続けて、成長していく。

**お客様に魅力を感じてもらい、ずっと通ってもらうためには、
お店・自分が、成長していく必要がある。
そのために、ちょっとした活動の改善を続けていく。**

10年顧客を育てていくスタッフさんに必要なことがあります。
「ちょっとした改善を続けて、成長していく」ことです。
お客様に10年間ずっと通ってもらうために、10年顧客を
増やしていくために、どうしても必要になります。
「私はできている」「私のお店はできている」と、
思いすぎないでくださいね。できていると思いすぎると、
少し前の自分と比べて成長することが難しくなるからです。

確かに他の洋服屋さんと比べて、
自分のお店は、自分は出来ているかも知れませんが、
お客様からみたらどうでしょうか。
お客様は、前回来店の時、3ヵ月前、半年前、出会った頃の
あなた・お店と自然に比べています。

お客様にいつも以前よりもちょっと喜んでもらいませんか？
楽しんでもらいませんか？

そのためにちょっとした改善を続けましょう。

10年顧客の心掛け 3

3. お客様の喜びを自分の喜びに変える。

お客様が喜んでいる・ハッピーになっている場面・シーンを
自分の喜び・ハッピーにすることで、10年顧客を育てる活動を
続けていける。

洋服屋さんで働いていて、嬉しい・楽しい場面は、どんな場面で
すか？自分の提案・アドバイスがキッカケで、お客様が喜んでく
れている、ハッピーになっている場面ではありませんか。

お客様に喜ばれ、それを自分自身の喜びに変えていくことで、
今よりもやる気を一定の状態で保つことができます。
お客様がずっと通いたいと思う活動を続けることができます。

普通の仕事は、お客様が喜んでいる場面に直接出会うことが、
なかなかありません。洋服屋さんの仕事の魅力は、お客様が
幸せになる場面に直接出会えることでしょう。

生きている中で、働いている時間は長いです。
自分の人生を、今より少しでも充実させるために、
お客様の喜びを自分の喜びに変えながら、
働いている時間を積み重ねていきましょう。

お客様のため、お店のため、そして自分自身のために、
お客様の喜びを自分の喜びに変える働き方を意識しましょう。
10年顧客を増やす活動は、そんな働き方のベースになります。

2 カスタマージャーニーの設計

顧客の感情（行動）を、どのように動かしていくのか、設計する。

カスタマージャーニーを直訳すると「顧客の旅」です。

主となる顧客（ペルソナ）を想定して、あるキッカケでその商品を（WEB上で）検討する所からはじまり、来店・購入、継続購入というゴール（旅の終着駅）まで、どのように顧客の感情（行動）を動かしていくのか、示したものです。

具体的には、「ペルソナ設計」「顧客の行動・心理ステップ」「顧客の具体的感情」「顧客に向けた活動・シナリオ展開（MA）」「目標数値（KPI）」を1枚のシートに集約したものです。

カスタマージャーニーを作ったはいいけれど……

顧客戦略を進めようと考えると、カスタマージャーニーの作成と運用の話は、必ず出てくるのですが、「カスタマージャーニーを作ろうとディスカッションしたのはいいけど、収拾がつかない」「何日も関係者が集まって作成したので手間がかかって大変だった」「実際にみんなで作ってはみたもののその後、特に新しい動きに繋がらなかった」「今の活動をなぞった感じで、結局、作った意味が…」という声をよく聞きます。

カスタマージャーニー作成の5つのポイント

カスタマージャーニーはポイントを押さえて作成することが大事です。5つあります。

「①顧客の行動・心理ステップを見つめ直す」「②顧客心理（感情）に着目する」「③理想的な活動を考える」「④部署を越えて作成することで課題を共有できる」「⑤プロセスごとに数値目標（KPI）を設定することで、仮説検証できる」ことの5つです。

この5つのポイントに沿って、自社の事業にマッチした、カスタマイズ

されたカスタマージャーニーを作成しましょう。

ポイント① 顧客の行動・心理ステップを見つめ直す

　顧客の行動・心理ステップは、業種・企業ごとに大きく異なるので、自社オリジナルで設定することが大事になりますが、基本的には、以下３つの購買モデルが参考になります。３つのモデルを組み合わせて「顧客の行動・心理ステップ」を作成します。当然、顧客のネットでの行動を積極的に取り入れます。

◇マスメディア型の購買モデル

　「AIDMA（Attention：認知→Interest：興味→Desire：欲求→Memory：記憶→Action：行動)」〈1920年代米国経済学者ローランド・ホール氏提唱〉

◇インターネット検索時代の購買モデル

　「AISAS（Attention：認知→ Interest：興味→ Search：検索→ Action：行動→Share：情報共有)」〈2005年電通〉

◇コンテンツ時代の購買モデル

　「DECAX（Discovery：発見→Engage：関係→Check：確認→Action：購買→eXperience：体験と経験)」〈2011年Google〉

　ここで一つ、注意して欲しいことがあります。カスタマージャーニーで描く時間の長さです。顧客戦略の全体イメージ共有で描いたゴールまでを描きます。例えば、３年後、５年後、10年後まで描くことがあります。一般的なカスタマージャーニーでは、はじめて購入してSNSでシェアして終わりのものもありますが、それでは短すぎるでしょう。顧客戦略は一人の顧客と長い間繋がり深めていくことだからです。

ポイント② 顧客心理（感情）に着目する

　顧客の感情は、一人の消費者として、ベーシックな感覚を描くことがポイントです。企業側の都合の良い解釈で落ち着かないように、購買層に近

い社員・スタッフから意見を聞く事をおすすめします。

ポイント③ 理想的な活動を考える

■で紹介した顧客接点の心掛け（共感・共振・共有）、顧客戦略の全体イメージで描いたゴールを意識して、理想的な活動を考えます。MAによるシナリオ実施を考えている場合は追記します。

ここでは今実施している活動に縛られないようにします。現状をベースにカスタマージャーニーを描いても、今実施していることを整理している形に留まってしまうからです。現状を無視して飛躍しすぎてもいけないのですが、手が届く理想的な活動を描きます。

ポイント④ 部署を越えて作成することで課題を共有できる

カスタマージャーニーの作成は、プロジェクトメンバー（部門横断のメンバー）で進めるので、部門を跨った形で作成できます。これはとても良いことなんですが、参加人数が多ければ多いほどに、多くの時間とコストがかかります。1～2日で一気に完成させることがポイントになります。これ以上時間をかけても、詳細になりすぎて逆に使いづらくなることがよくあります。

ポイント⑤ プロセスごとに数値目標（KPI）を設定することで、仮説検証できる

数値目標（KPI）を設定することで、仮説検証ができるので設定します。ただ、細かく設定しすぎたり、達成レベルを高く設定しすぎると、弊害があります。KPIを達成するのがゴールになっていくからです。適切な量・レベルで落ち着かせることがポイントになります。

さらに顧客接点を担うスタッフにKPIを伏せておくなど、手段の目的化に向かうリスクを減らすように工夫します。

カスタマージャーニーの共有について

カスタマージャーニーは、本部内で顧客戦略を顧客接点でどんな感じで

進めていくのか共有する上で、とても重要です。顧客接点を担うスタッフ
との共有、スタッフ同士の共有でも使います。一方で具体的なイメージが
湧きづらい一面もあります。**3**で紹介する「カスタマーストーリー」が、
社内の一体感醸成の主役になります。カスタマージャーニーは、カスタ
マーストーリーのあらすじの軸になります。

3 カスタマーストーリーの作成

顧客の感情を、どう動かしていくのか、物語で描く。

　カスタマージャーニーは**2**で紹介した通り、「顧客があるキッカケで、
その商品を知ってからゴールまで、どのように顧客の感情（行動）を動か
していくのか」を1枚のシートで表したものです。このカスタマージャー
ニーの内容を、「顧客が主役の物語（小説）」に仕立てたのが、カスタマー
ストーリーです。

「カスタマージャーニー」の欠点を補う「カスタマーストーリー」

　「カスタマージャーニー」は、論理的な視点（左脳系）で「理想的な顧
客感情（行動）」を表したものです。シンプルに内容を共有できる一方で、
思い浮かべる顧客接点の具体的な姿が、人それぞれでズレている場合があ
ります。

　例えば、顧客がネットで検索した後に、はじめて来店する場面で、「心
地良い挨拶をする」と書いてあったとします。読んだ人それぞれで、「心
地良い挨拶」という言葉から連想する活動内容に幅が出ます。例えば、A
さんは「礼儀正しい挨拶をしよう」と考えて、Bさんは「フレンドリーな挨
拶をしよう」と考えていることがあります。顧客接点の具体的な活動内容
に違いが出てしまうのです。

　一方で「カスタマーストーリー」は、「カスタマージャーニー」をベースとした「顧客が主役の物語（小説）」なので、顧客接点でどのように顧客と接するのか、具体的な活動が詳しく描かれています。誰が読んでも活動イメージが同じです。また、顧客接点を担うメンバーからすると、イメージが沸きやすく（右脳系）、「理想的な顧客感情（行動）」がイキイキと描かれているので、現場の情景が思い浮かびます。「カスタマーストーリー」は、顧客接点で働くスタッフのココロに届きやすいのです。

物語は記憶が継続する

　「カスタマーストーリー」には、もう一つ優れた点があります。それは記憶の継続性です。桃太郎やシンデレラなどの物語は、誰もが子供の頃に聞いた話ですが、ほとんどの人が今も覚えているでしょう。このことは物語が持つ特性をあらわしています。

カスタマーストーリー作成のポイントと事例

　カスタマーストーリー作成にあたっての5つのポイントと、事例をご紹介します。

〈カスタマーストーリー作成のポイント〉

1．顧客から見たストーリー

　顧客の視点から考えてもらえるように、カスタマージャーニー作成にあたって設定したペルソナが主役の小説にします。

2．顧客との繋がりが深まるストーリー

　カスタマージャーニーの流れに沿って、顧客との繋がりが徐々に深まっていく物語にします。

3．顧客接点の心掛け・理想的な行動を描いたストーリー

　カスタマーストーリーには、活動内容を丁寧に綴ります。顧客接点の心掛けをベースにした理想的な行動です。

4．理想的な顧客感情がイメージできるストーリー

　顧客戦略が目指す顧客感情を情緒豊かに描いた物語にします。あまり理

想的になりすぎると嘘っぽくなるので注意しましょう（笑）。

5．ヒーローストーリー

　物語に登場する顧客接点のスタッフは、顧客から見て「こんなスタッフさんがいたらいいなあ」と感じられるように魅力的に描きます。

〈化粧品小売業をテーマにしたカスタマーストーリーの事例〉

１．はじめて来店した

　私はあるメーカーで仕事をしている（27歳・女性）。その日は会社がノー残業デーで定時に終わり、勤務地から最寄駅の間にあるターミナル駅で降りて、駅ビルでウインドウショッピングを楽しんでいた。

　以前から少し気になっていた化粧品のお店が目に入った。

　お店の前に置いてあったメッセージボード（＝イーゼル看板）には「"ちょっとしたハッピー"をたくさんお届けする化粧品店です。」と書かれていた。

　店内に入ってみると、少し離れた場所にいたスタッフさんが顔をあげて「いらっしゃいませ！」とはっきりした口調でありながら、明るい、落ち着いた挨拶を受けた。私と同じくらいの歳の人だった。別のスタッフも作業の手を休めて、ちょっとした時間差で明るい挨拶をしてくれた。キチっとした感じというよりは、みんな明るく元気な、ノリのいい感じのお店だった。すぐにべったり接客されることもなく、自由に化粧品を見ることができた。

　普段、私が化粧品を買っているドラッグストアと比べると、とてもワクワクする売場だった。商品カテゴリー別にランキング情報があって、おすすめの商品にはキレイな状態のテスターがあり、試せるようになっていた。口コミPOPもあって、つい読んでしまう。なんか、楽しい！

　ちょっと気になる口紅があって、口紅売場で立ち止まっていると、さっき挨拶してくれたスタッフさんが「こんにちは〜」と優しい感じで声を掛けてくれた。

　「もし良かったら、最近の口紅の特徴を２〜３分ほど、お話してもいい

ですか？」今年流行っている口紅の色も知りたかったので「ええ♪」と
OKの返事をした。最近の口紅の特徴をコンパクトに説明してくれた。さ
すが化粧品店のスタッフさん、詳しいな〜と感じたので、いろいろと口紅
のことを聞いてみた。今日は口紅を買おうと思っていなかったので、買う
ように強く推されたら、いやだな…と思っていたけど、一切そんな雰囲
気もなく、安心した。

　普通の化粧品店の買わせようとする接客が苦手で…、セルフショップで
化粧品を買うようになっていた。

　この化粧品店はなにか違う…。はじめての来店で化粧品店の人と自然な
感じで話ができたのは、久しぶりだった。それに買わなくもいいという雰
囲気を感じたのも良かった。その時お客様が少なめだったからか、買って
いないのに、出口までお送りしてくれた。丁寧なお見送りに好感が持てた。

　口紅のサンプルをすすめてくれたが、はじめての来店だったので、今日
は遠慮してみた。でも「良いお店を見つけたのかな…」とちょっと幸せな
気分になった。

2．化粧水が少なくなってきた。お店でサンプルをもらう

　それから、２週間たった頃、化粧水が少なくなってきた。いつものお店
で買うか、以前買っていたネット通販で買うか迷っていた時、あのお店の
ことが頭に浮かんだ。一度、あのお店で化粧水、見てみようかな、会社帰
りに寄ってみようと思った。

　再び、お店に行ってみた。入ってすぐ「冬の乾燥肌対策、うるうる化粧
水コーナー」が目に入った。メーカー・ブランド関係なく、商品が陳列さ
れていた。他のお店では、なかなかこういうコーナーがないので、いろい
ろ選べてワクワクする！

　「あ♪先日は、ありがとうございました。またのご来店、嬉しいです！」
前回接客をしてくれたスタッフさんが笑顔で話しかけてくれた。

　その会話内容から、前回の接客内容を覚えてくれていたことがわかり、
とても嬉しかった。今まで通っていたお店は、接客が悪い訳ではなかった
が、私のことを覚えてくれている印象はなかった。

　振り返ってみると、私を覚えていてくれて、会話をしてくれるお店は、大学生の時から通っている靴屋さん、最近通いはじめたネイルサロン、家の近くのレストランだけだな〜と思った。その他のお店は、続けて通っているお店でも、私だけの対応があまりないので、ちょっと寂しくなることもあった。このお店はそうじゃなさそうだ。

　今日は化粧水を探しにきたと伝えると、

「お肌の水分量だけ、測っていいですか？１分で測れます。お肌にあった化粧水を紹介したいですし、サンプルをお渡したいんです。」

「いいですよ。測ってください」（そのくらいだったら、断る理由がないな〜）

「ありがとうございます、こちらのカウンターにどうぞ」

本当に１分くらいだった。

「水分量は、○○でした。サンプルの候補がA、Bと２つあります。お肌がスッキリするのはAブランド、お肌が潤うのはBブランド、どちらにしますか？」

「Bがいいかな」

「では、Bブランドのサンプル、差し上げますね！この化粧水は先日買っていかれたお客様が、２週間で肌の潤い度が大きくアップしたんです。少しお時間あれば、使い方を説明しますが、よろしいですか？」

「いいですよ（なんか、ワクワクしてきたなあ！）」

「このサンプルはたっぷり３回分です。使い方は……。使い方が書いてあるシートも入れておきますね。Bブランドは20代後半の女性に特に人気です。ぜひ今夜、使っていただいて、今使っている化粧水と比べてみてください。今度、お会いした時にでも、感想を教えてくださいね。使ってあげると、お肌、きっと喜ぶと思います。」

　“サンプルを使って、自宅でプチ体験しよう！”と書かれた、かわいい袋にサンプルを入れてくれた。サンプルの使い方が書いてあるシート、お肌の水分量の測定結果をメモしてくれたシートも入れてくれた。

　以前、通っていたお店でも、新商品／季節商品などのサンプルをもらうことがよくあったけど、正直、あまり使っていなかった。旅行で使おうと

思いつつ…。もらったサンプルを使う"ワクワク感""私だけの理由"を感じなかったからなのかな〜と思った。

　でも今日は違う。まだ化粧水、ちょっと残っているけど、今晩、早速このサンプル、使ってみよう！

3．自宅で化粧水のサンプルを使ってみた

　その夜、サンプルを使ってみた。サンプルの袋に入っていた使い方シート（イラストがかわいかった♪）を見ながら使ってみた。試してみたら、私の肌に合っているみたいで、とても使い心地がよかった。香りもいいな〜。次の化粧水はこれにしようかな。今度、お店に相談しにいこう！

4．来店3回目で化粧水を購入した

　3回目の来店だ。お店に入ったら、この前のスタッフさんが話しかけてくれた。

　「こんにちは！先日はありがとうございました。あ、この前お渡した化粧水のサンプル、お使いいただけるタイミング、ありましたか？」

　「使ってみましたよ。とてもよかったです。買おうかなと思って来たんです。」

　「ありがとうございます！どんな所がよかったですか？」

　「使い心地が良くて、香りも好きでした。」

　さらに、以前使っていた化粧水について良かった点／物足りなかった点を聞いてくれて、それを踏まえて、「サンプルをもらった化粧水」「数年愛用している人が多い定番化粧水」を紹介してくれた。接客の途中で、別のスタッフさんを呼んでくれ、サンプルの化粧水を昨日買ったお客様のことをお話してくれた。その様子から、スタッフ同士の関係が良いお店なのかな〜と思った。

　自分としては、サンプルをもらった化粧水を買うつもりで来たけど、スタッフさんから「ちょっと3分ほど時間があれば、前回水分量を測りましたが、お肌の皮脂量も測らせてもらっていいですか？その結果によっては、本当にお肌に合った化粧水が変わるかも知れませんので…」と言われ

たので、測ってもらった。

　そうすると、定番化粧水の方が私の肌に合っていることがわかった。現品見本を使わせてもらったら、使い心地・香りも、この化粧水の方がよかった。サンプル商品よりも安い商品だった。黙って、サンプルの化粧水を売った方が売上が上がるのに（笑）。このお店のスタッフさんは、私の立場になってくれる感じがした。

　会計を終えてから5分ほど、購入した化粧水の使い方を今使っている他ブランドの洗顔・美容液を踏まえて、教えてくれた。買うまでは丁寧でも、買った後は、あまりそうではないお店が多いなかで、とても嬉しかった（実際、洋服屋さんは、買った後、もっと買ってもらうためにコーディネート提案はしても、買った商品と私が自宅で持っている洋服とのコーディネート提案をしてくれるスタッフさんは、あんまりいないかも…）。

　帰り際、お店のアプリを見せてくれた。「読んでいて楽しいと好評なんですよ。お得な情報もお届けしています。ポイントも貯まります！ぜひダウンロードしてみてください」と。普通のお店は、ただ登録して欲しいとだけ言われることが多いけど、このお店のアプリは内容が楽しそうだったので、ダウンロードしてみた。

5．購入後にお礼メッセージをもらった

　翌日、お礼メッセージが届いた。会員登録のお礼と、接客の時に私が話したことにも一言触れてくれていた。私に想いを馳せてくれたことが分かる内容だった。

　先日はじめて行った美容室からお礼状が来ていたけど、お店であらかじめ決められているような文章で、どこか事務的な感じだった。手書きコメントも添えてあったのに、心があまり動かなかった。私に想いを馳せくれている感じがしなかったからかな…。同じお礼でも違うと思った。私はお礼をもらうことが嬉しいのではなく、私を想ってくれていることがわかることが嬉しいのかもしれない。

6．体験会のお知らせがきた

　1ヶ月後アプリから、「コラーゲンで"プルプル素肌"になる！30分体験会」というお知らせが届いた。イベント内容を見てみたら楽しそうな体験会だったので、参加の申込をした。

7．体験会当日をむかえた

　イベント当日、受付を済ませると、すでに4人ほど参加者が来ていた。

　開始時間まで少し時間があったので、売場を見ていたら、いつものスタッフさんが話しかけてくれた。多分、入口にいたスタッフさんから、私が来店したことを伝えられていたのだろう。

　イベントは、メーカーのビューティーカウンセラーさんが15分ほど、コラーゲンの大事さ、シンプルな3ステップのお手入れ法についてお話してくれた後に、自分で体験できる時間が15分あった。今までの自分流のお手入れが、間違っていたことが分かり、とても勉強になった。「お試しサンプルセット」をもらった。さっそく明日から試してみよう！と思った。

8．ちょくちょくお店に来店するようになった

　イベントで、スタッフみんな（店長さんとも！）と仲良くなったので、それからちょくちょく、お店に行くようになっていた。新しいPOPに目を奪われたり、旬のテーマの売場もあって、いつも新鮮な情報に出合えて楽しく過ごせた。

9．化粧水2本目＆マスカラも購入した

　はじめての購入から2ヵ月後、購入した化粧水がなくなったので、またお店へ買いにいった。化粧水を変えたことで、お肌の状態が変わっているかを調べるために、詳しい肌測定を勧めてくれた。

　10分ほどかかるらしい。そういえば、以前の肌測定はいくつかの項目だけを実施してもらっていた。3年くらい前に、ある百貨店で肌測定を詳しくやってもらったのだが、自分のお肌の欠点を指摘されて、そのトークに流される形で化粧品を買ってしまった記憶があり、肌測定にあまり良い

印象を持っていなかった。ただ、このスタッフさんなら、そんなことはしないだろうと思ったのでお願いすることにした。

　詳しい肌測定をしてもらい、その結果をベースに私の肌の特徴や、お手入れのアドバイスをしてくれた。以前測った水分量・皮脂量がデータにあるようで、それに比べるとベストな状態に近づいていることが分かった。スタッフさんも一緒に喜んでくれた。そして、正しくお手入れしていたことを褒めてくれた。褒められると嬉しい。

　そういえば褒められること、最近なかったな〜。そうそう、この時、店長さんも会話に加わってくれて喜んでくれた。このお店はスタッフさん同士の連携が自然にできている。（そういえば、昨日行ったレストラン、スタッフさん同士ちょっと仲悪そうだったなあ…。）

　会話が楽しかったので、その時にマスカラも買ってしまった。楽しいリラックスした時間は、財布の紐も緩くなるのかな（笑）。

　今まで通っていたドラッグストアは、その時々の接客に不満はなかったけど、それだけだった。以前買ったネット通販は、お得なDM・メールマガジンが送られてくるだけだった。

　このお店は、私のことを見続けてくれる、私に想いを馳せてくれる。売場もいつも楽しい（笑）！　お気に入りの化粧品屋さん見つけちゃった！

10. いろいろなアイテムを買うようになった

　しばらく経ってから、2回目の詳しい肌測定をしてみたら、肌の状態がさらに良くなっていた。このお店に通うとキレイになれる！そんなことを思うようになっていた。そうなると自然とお店に通うのが自分の習慣になっていった。乳液・クレンジング・ファンデーション・ポイントメークまで購入するようになったのは、自然なことだった。

　お店に通うなかで、印象に残っていることがある。ある時、スタッフさんが「このお店は、新しいキレイが楽しく見つかるお店なんです！」と。お客様との関わりを大切にしつつ、気軽で楽しい雰囲気を意識していることを話してくれた。普通の化粧品店と何か違う感じ（笑）。

11. はじめての来店から3年が経った

　そうこうしている内に、はじめての来店から3年の歳月が流れた。お肌の状態は、おかげさまで以前よりも良い状態を保っている。最近、友達から「お肌キレイね〜」とよく言われる。半分お世辞と分かっていても、やっぱり嬉しい！

　なんでこのお店に通い続けているのか、あらためて考えてみると、答えは一つかも知れない。

　「自分が楽しくキレイでいられる」

　それはお店のスタッフみんなが、「今よりもキレイになって欲しい」というピュアな気持ちで、私と接してくれているおかげかな。私のキレイになりたい意識も、この3年でだいぶ高くなっている気がする。

　これからもずっとこのお店に通い続けよう！

　だって、ずっと楽しくキレイでいたいから！

カスタマーストーリーの共有はチーム意識を醸成する！

　カスタマーストーリーは、プロジェクトスタート時、その後は、半年に1回を目途に読んで、イメージを頭に徐々に染み込ませます。顧客戦略をチームで進めていこうという気持ちの醸成に、大きく貢献します。各顧客接点では、5人グループぐらいで、1人ひとり読んだ感想を言い合うことで共有が進みます。毎回読むたびに感じることが変わってくる人が多いです。

4 スタッフジャーニーの設計

スタッフの感情（行動）を、どのように動かしていくのか、設計する。

　ここまでカスタマージャニーの設計、カスタマーストーリーの作成を進

めてきました。この２つはカスタマー（顧客）が主役でした。その中には、顧客接点のスタッフ（の活動）が出てきますが、スタッフは脇役でした。

　ここからのスタッフジャーニーの設計、スタッフストーリーの作成は、スタッフが主役になります。

時代と共に変わる現場マネジメント

　カスタマージャニー、カスタマーストーリーは、これからの現場マーケティングのお話でした。

　一方で「働き方改革」「従業員満足（ES）」「働き手の確保」など、現場マネジメントの重要性が最近叫ばれています。そんな時代の流れに対応したのが、スタッフジャニー・スタッフストーリーです。

「お客様に尽くす」のひと言では終わらない

　顧客接点の改善について、成長時代の現場マネジメントは「とにかくお客様に尽くそう」というひと言で、多くのことを片づけていた現実がありました。

　それは今も大事なのですが、「お客様に尽くした私はどう報われるんだろう？」「働く充実感は？」という働き手の疑問に答えることが大事になっています。顧客接点を担う一人ひとりの本音でしょう。顧客戦略は顧客視点を大事にしますが、スタッフの視点も大事にします。

スタッフジャーニーの作り方

　カスタマージャーニーは、「顧客の行動・心理ステップ」「顧客の具体的感情」「理想的な活動」「目標数値（KPI）」を縦軸に１シートで作成しますが、スタッフジャーニーは、その下に「理想的なスタッフの感情」「必要な能力・スキル」を縦軸に加えた部分を言います。スタッフジャーニーは、独立した１シートではなく、カスタマージャーニーにプラスした部分とお考えください。

「理想的なスタッフの感情」の記入方法

　「理想的な活動」をして、顧客の反応がよかった時、スタッフはどんな感情を抱くのか、「理想的なスタッフの感情」欄に記入します。

　実際にどんな感情を抱くのか、イメージいただくために、例をお伝えします。「理想的な活動」は、顧客接点の心掛けである「共感・共振・共有」を基本に行うので、その方向に沿ってスタッフの感情を挙げてみます。

〈「理想的なスタッフの感情」記入例〉

・共感系の活動をした時
　「お客様の理解が深まってうれしい」「提案したい（解決したい）気持ちが高まる」「信頼されていると感じる」など。
・共振系の活動をした時
　「役に立てた喜びを感じる」「専門家としての存在価値を自ら感じる」「あやふやだった未来が具体的になっていくので楽しい」など。
・共有系の活動をした時
　「大きな達成感を感じる」「永いお付き合いの予感がする」「お客様の喜びを自分の喜びと感じる」「仕事の自信がつく」など。

「必要な能力・スキル」の記入方法

　「理想的な活動」を行い、「理想的なスタッフ感情」を抱く場面をつくっていくには、どんな能力・スキルが必要になるのか、「必要な能力・スキル」欄に記入します。たとえば、「共感スキル（ヒアリング能力）」「顧客に新しい習慣を提案する力（提案力）」「つながりを継続していく能力（リレーションシップスキル）」「CRM・MAシステムを使いこなす力（システム活用スキル）」などです。

スタッフジャーニーの活用について

　スタッフジャーニーは、本部内で共有することで、スタッフのモチベーションアップを考えたり、顧客戦略の教育プログラムの内容を考えるヒントになります。顧客戦略を進めるにあたって評価制度の改善を考える場合

にも、参考になるでしょう。

 # スタッフストーリーの作成

スタッフの感情の変化を、イキイキと物語で描く。

　スタッフストーリーを作成する理由は、カスタマーストーリーを作成する理由と同じです。論理的な視点（左脳系）のスタッフジャーニーは、コンパクトに理解しやすい反面、解像度が荒いので、具体的にイメージを共有しづらい欠点を持っています。その弱点を補うのが、スタッフストーリーです。

スタッフストーリーとは
　スタッフストーリーとは、スタッフジャーニーをあらすじの軸にスタッフを主役にした小説で、イメージが沸きやすい（右脳系）ものです。左脳に働きかけるスタッフジャーニー、右脳に働きかけるスタッフストーリーの組み合わせは、顧客戦略が目指すゴールをスタッフ側から見た姿として、社内に広げるキーになります。

スタッフストーリー作成のポイント
　スタッフストーリー作成にあたって、5つのポイントをご紹介します。

１．スタッフから見たストーリー
　顧客の視点から描いたカスタマーストーリーの1つひとつの場面を、スタッフの視点から描きます。カスタマーストーリーとスタッフストーリーは、同じ場面を表側と裏側から描いたものです。

２．スタッフが仕事の喜び・充実感を感じているストーリー

スタッフジャーニーの流れに沿って働くスタッフが、最終的に仕事の喜び・充実感を感じている物語にします。

３．理想的な活動の裏側にある努力を描いたストーリー

理想的な活動を行うために、日々どんな意識を持っているのか、どんなスキルアップの努力をしてきたのか、CRM・MAシステムをどのように習得していったのかなど、活動の裏側にある努力を物語に入れます。

４．理想的なスタッフ感情がイメージできるストーリー

顧客戦略が望んでいる理想的なスタッフ感情を、顧客と接する１つひとつの場面で情緒豊かに描きます。

５．ヒーローストーリー

物語に登場する顧客接点のスタッフは、スタッフから見て「こんなスタッフになれたらいいなあ」と感じられるように、魅力的な人物像にします。

スタッフストーリーは、カスタマーストーリーよりも描くのが難しいというのが、作り手としての実感です。スタッフストーリーは、日々の現実と距離が近いので、リアリティがより大事になります。あまり理想的になりすぎると、嘘っぽくなりますし、現実に近すぎても作った意味が薄くなります。塩梅を考えながら作成します。

スタッフストーリーの共有

各顧客接点では、スタッフストーリーをプロジェクトスタート時、その後は、年に１回を目途に読んで、スタッフ同士で感想を言い合いましょう。

スタッフストーリーの全社共有は、本部をはじめ間接部門で働く人が、顧客接点でがんばるスタッフに想いを馳せるキッカケになります。顧客接点のスタッフの気持ちを疑似体験することは、企業としてOne Teamで顧客戦略を進めていくために大事なことです。

---コラム---

「顧客体験」「経験価値」という言葉を使わない

　一般的に顧客戦略の世界では、「顧客体験」「経験価値」という言葉をよく使います。本部の会議室で交わされるのであれば問題ないのですが、顧客接点に近づけば近づくほどに、共感を呼ばない言葉、わかりづらい言葉なのです。顧客接点を担っているスタッフにとって、「顧客体験」「経験価値」という言葉はピンとこないからです。「ピンとこない」ということは、顧客戦略に取り組んでいく気持ちが薄れることを意味します。

　「顧客戦略における体験は、実際に商品を体験するという限定した意味ではなく、もっと広い意味で使っています。ネット・リアル問わず顧客と接したすべての場面です」と言われても……あなたの企業の顧客接点のスタッフはピンときますか？
　「経験」も普通は過去を差す言葉で、これからの未来を設計する文脈で経験という言葉を使うと、違和感があるのです。

　「顧客体験」「経験価値」を、社内で丁寧に解説して浸透させていく道もありますが、かなりの手間がかかります。コストパフォーマンスが悪いのです。
　「社内の一体感」を醸成していくためには、言葉選びは極めて大事です。分かりづらい言葉は、One Teamの障害になります。なんとか意味を頭で理解してくれても、お腹落ちしません。

第3部　顧客戦略の実務　STEP 4

教育で、理想的な顧客感情（行動）を、より多く生み出す！

顧客戦略の
教育プログラム

　　STEP 4のテーマは「教育」です。企業では新入社員教育、階層別教育など、さまざま教育が行われていますが、ここで取り上げるのは、「顧客戦略の教育プログラム」です。

　　一般的に「顧客戦略の教育プログラム」は、あまり丁寧に行われていません。1回限りのセミナー（2時間程度の説明会）である場合も多く、「プログラム」とは呼べないものも多いです。

　　顧客戦略の教育プログラムは、「通常の教育と違って、どこに重点があるのか」「具体的にどのようなプログラムを設計するのか」「実際に教育プログラムを運用する中で配慮すること」についてお伝えします。

　　教育プログラムの実例もご紹介します。

教育プログラムの構築

顧客戦略の教育プログラムは、本部と顧客接点にチーム意識をもたらす。

　顧客戦略の教育は、表面的な知識をさらっと伝えてもあまり意味がありません。顧客接点を担うスタッフが日々意識することや活動することに、深く関わることだからです。顧客接点で働く１人ひとりの心をグッと掴んでいく、骨太の教育プログラムである必要があります。そんな教育プログラムを構築していくために、５つのポイントをお伝えします。

ポイント１：顧客接点のすべてを扱う

　顧客と関わりを深めることができる顧客接点、そのすべてが、教育の対象になります。接客・売場（VMD）・ツール・イベント・システム活用（CRM・MAなど）・ホームページ・SNSなどです。顧客戦略の教育はITツールの活用だけに留まりません。

　「今よりも顧客と繋がりを深める"接客"」「今よりも顧客と繋がりを深める"売場"」「今よりも顧客と繋がりを深める"リアルツール"」「今よりも顧客と繋がりを深める"イベント"」「今よりも顧客と繋がりを深める"CRM・MAシステムの活用法"」「今よりも顧客と繋がりを深める"SNS・ブログ"」等が教育テーマになります。

　ただ、企業によっては売場（VMD）は本部が決めていて、顧客接点で変えられない場合や、SNSを本部担当者だけで動かしていく場合は、教育テーマから除きます。どの範囲を教育テーマにするかは、一度顧客接点のすべてに視野を広げてから決めます。

　もちろんすべてを一度に行う必要はありません。順番に進めていきます。

ポイント２：自社オリジナルで、教育テキストを作成する

　顧客戦略の教育範囲が決まったら、次は教育テキストを企業オリジナルで作成します。顧客戦略の教育は「顧客との繋がりを深める」ことがテー

マなので、まったく新しいことではありませんが、オリジナルテキストで、今まで進めてきた自社教育や理念（クレド）を整理し、顧客戦略ならではの新しい部分を追加して作成します。

　本部内で使ってきたパワーポイントとシステム会社の資料を合体して作った「間に合わせの教育テキスト（顧客戦略・CX・CRMの概要と、システムの使い方が書いてあるテキスト）」、どの会社でも使える「平凡な顧客戦略のテキスト（専門用語ばかりで、自社で今まで進めてきたことが盛り込まれていないテキスト）」だと、苦しい状況になります。

　本部が現場に進めて欲しいことをまとめただけの「事務的な教育テキスト」を作ったら、現場のバックオフィスの戸棚の中におさまって、日の目を見ることはないでしょう。

　教育テキストは、プロジェクトメンバーから顧客接点で働く人への「想いを込めたお手紙（レター）」と考えましょう。そんな自社オリジナル教育テキストを作成するには、個々の教育テーマにおいて以下7つの手順が大事になります。

〈教育テキスト作成の7つの手順〉

手順① 場面分けを行う

　まずは活動の改善点が出しやすいように、いくつかの場面に分けます。

手順② 各場面における改善点のアイデア出し

　各場面ごとの改善点をプロジェクトメンバー全員で考え、フセンに記入して、分類します。

手順③ 各場面ごとの役割分担

　各場面ごとに担当者を決めます。教育テキストをある担当者のみで進めると、仕事量が多すぎて丁寧な作りではなくなってしまうからです。

手順④ テキストに顧客の気持ちを入れる

　そもそもテキストは何のためにあるのでしょうか。1つひとつの場面で顧客の気持ちになって活動して欲しいからです。そうすれば自然と1つひとつの活動は、今よりも丁寧に実施されます。「決めたことは決めた通りやってもらわないと困る」という世界ではありません。顧客の気持ちをテ

キストに丁寧に綴ります。この部分が薄いと見てくれるのは、新人だけになります。経験を積んだスタッフにも見てもらうために大事な部分です。

手順⑤ テキストの実践による企業側のメリットに触れる

テキストには、企業のメリット（顧客数アップ、固定客数アップ、客単価アップ）にも触れます。顧客接点のリーダー・スタッフは、活動を実践した時の成果を知りたいですし、求めています。

手順⑥ テキストに実践内容を詳しく入れる

本部として実施して欲しい活動内容を詳しく入れます。内容を決める中で、本部としての意思の統一が図れます。ここがしっかりしていると、その後、資格制度、評価制度との連動も可能になります。CRM・MAシステムの操作が必要な場合は、その内容についても触れます。

手順⑦ テキストの現場実践者の知恵を入れる

テキストには、提示した活動がよりスムーズにできるようになるために、現場の知恵を入れます。実践意欲があっても一定の時間でできるようにならないと、自分で諦めてしまうことがあるからです。この知恵は、全スタッフに通用するお話でなくてもいいのでコラム的な扱いです。

本部スタッフの想いをテキストから感じれば、顧客接点で働く人は教育テキストを積極的に受け入れてくれます。想いが込められていないテキストは、文面からそれが見え隠れします。そうならないために教育テキストは手順を踏んで丁寧に作成します。

ポイント３：台本を作成して、講義を行う

テキストができたら、次は顧客接点を担うリーダー・スタッフを対象に、講義をします。リアルセミナー・WEBセミナー・Eラーニングを、組み合わせて行います。

テキストを配布するだけだと、どんなに良いテキストでも顧客戦略は顧客接点に浸透しません。スタッフにテキストを渡し、実践の徹底を呼び掛けるだけでは、何も変わりません。ほとんど読まれないからです。

私が20代の頃に、ある大手企業のCSマニュアルの企画・テキスト作成に

携わりました。講義をやらなかったので、現場で活用されている様子はありませんでした。

　では講義をすればOKなのかと言うと、そこまで単純ではありません。

　講義を実施しても、講師が話す内容・言葉の選び方が適切でなければ、せっかく良い内容のテキストでも、顧客接点を担う人に想いは伝わりません。スイッチが入らない状況に陥ります。

　ここでキーとなるのが、講義の台本です。台本作りにも要点があります。

〈台本作成の5つの要点〉

要点①　自分の想いを自分の言葉で話す

　教育の場でテキストをそのまま朗読しても、想いは伝わりません。自分の想いをできるだけ言葉にして伝えます。

要点②　「はじめに」と「おわりに」が大事

　人が特によく聞いているのが「はじめの5分間」です。そして特に印象が残るのが「おわりの3分間」です。この2つの場面でどんなお話を届けるのか、実践まで結びつけられる顧客接点の数に影響があります。

要点③　自分自身のエピソードを入れる

　緊張感をやわらげ、講師に親近感を持ってもらうために、自分自身のエピソードを話すと効果的です。「自分がお客様として受けたサービス」、「自分がいつも通っているお店のこと」、「自分が仕事で大切にしていること」などです。

要点④　ページ間の繋がりを大事にする

　講義をずっと集中して聞いてもらうために大事なのが、ページとページの間の繋がり部分です。TV番組のCM前は、CM後に楽しい映像があることを期待させるように伝えるのと同じです。

要点⑤　タイムスケジュールはきっちり

　大切な時間を預らせてもらっています。30名の講義で20分オーバーすると、20分×30名＝600分（10時間）の時間を奪っていることになります。台本にキチンとタイムスケジュールを組み込み、守ります。

ポイント４：RPDCを繰り返す

　顧客戦略は、リアルorデジタルに関わらず、実際に顧客と関わりが深まる活動を顧客に届けなければ前に進みません。講義内容をベースに、顧客接点の「現状を確認し（R）」「計画を立てて（P）」「実践して（D）」「結果を振り返る（C）」というRPDCが大事になります（RPDCについてはSTEP ６で詳細に解説します。）。

　言うのは簡単ですが、実際にRPDCを廻すのは大変です。教育プログラムの内容をRPDCの流れに沿って設計することで、RPDCは確実に進みます。

　ただ、実際にRPDCが廻っていても、顧客接点でノリよく活動が進んでいないと、結果に繋がりません。そこでポイントになるのが次の５です。

ポイント５：参加者の実践事例を共有する

　RPDCがノリよく進む要素として重要なのが、RPDCを廻すなかで、他の参加者の生々しい実践事例を共有することです。うまく進んだ実践事例、今一歩だった実践事例のすべてを共有することが最も望ましいでしょう。

　同じ立場の参加者から生み出された情報が、教育を受ける側の感情を最も動かすからです。講師側からの一方通行の情報だけでは飽きてしまいます。

　事例共有のやり方は、「研修の場で発表しあう」「専用サイトにアップする」「テキストに追加する」など、各企業のやりやすい形で進めます。

「丁寧な教育は要らない」という間違った意見

　１～５のポイントを意識して進めると、丁寧な教育プログラムが構築できます。

　顧客戦略の教育プログラムについてディスカッションするなかで「そこまで丁寧な教育は必要ないんじゃないか」という意見があります。その根拠は「顧客戦略の概要は伝えるべきだけど、結局やる人はやるし、やらない人はやらないじゃないか。この前実施した教育も結局は…」といった意見です。一見、本質をついているように聞こえます。

　教育を受ける顧客接点で働く人を「上位2割（自ら着々と成長する人）、真ん中6割（成長意欲はあるが実践しきれない人）、下位2割（やる気が今一歩の人）」と分けるとします。上位2割の人に着目すると「教育を丁寧にやらなくても、結局やる人はやる」、下位2割の人に着目すると「教育を丁寧に届けても、やらない人はやらない」……確かにそういう面があります。

　しかし、顧客戦略の教育対象の中心にいるのは「真ん中6割」の人です。この人達は、「教育を丁寧に届ければ、顧客戦略を顧客接点で進めてくれる」「教育をおおざっぱにやると、顧客戦略を顧客接点で進めてくれない」人達です。

　教育を丁寧に行えば、真ん中6割と上位2割が合わさって8割の顧客接点が動きます。一方で教育をおおざっぱに行えば、上位2割しか動きません。顧客戦略において丁寧な教育は極めて重要です。

参加者のレベルと教育の必要性

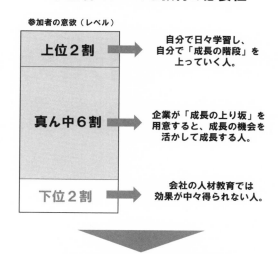

進化していく教育内容

　顧客戦略は、顧客と中長期の視点で繋がりを深めることを目的にしています。そのために活動の完成度アップを目指して、常に進化していくことが大事です。顧客戦略の教育プログラムも歩みを同じくして、内容をどんどん進化させていくことが大事です。比較的変化が少ない新入社員向けの教育とは違います。

丁寧な教育を通じて育まれる、本部と顧客接点のチーム意識

　顧客戦略の教育プログラムを展開すると、顧客戦略について共通認識が積み重なっていきます。それによって「教育プログラムを企画・展開する本部・プロジェクトメンバー」と「教育の受け手である顧客接点を担う人達」の間に、チーム意識が芽生えます。顧客戦略の場合、教育プログラム実施の意味は、ただ知識を提供するだけに留まりません。本部と現場が手を携えて、One Teamで顧客戦略を進めるための核になります。

顧客戦略の教育プログラム実例

実際に顧客戦略の教育プログラムは、どんな内容なのか。

　ここでは顧客戦略の教育プログラムの実例を7つ紹介します。■の「顧客戦略の教育プログラムのポイント」を具体的にイメージすることができるでしょう。

　次ページより、顧客戦略の教育プログラムの王道である、顧客戦略の活動全般を扱ったプログラムを紹介します。顧客接点のリーダー・スタッフに向けた教育プログラムです。

「化粧品業界Ａ社」の教育プログラム

背景

■顧客戦略を進めていたが、顧客数・売上が今一歩伸びない店舗が多かった。

■顧客をCRMシステムでランク別に分けて、目標の設定をしていたが、目標の設定と活動計画がリンクしていなかった。

■顧客と関わりを深める活動を行っていたが、顧客体験の細部を見ていくと改善の余地があった。

教育プログラム概要

■Ａ社が進める顧客戦略の基本方針に合わせて、オリジナル教育プログラムをゼロから構築。

■スタート時に３日間の教育を行い、１日目は店舗の長所・短所の見つめ直し、CRMシステムによるランク別顧客数の推移から課題を抽出し、店舗ごとに顧客戦略のゴールを設定。２・３日目は顧客戦略のゴールに近づくために、顧客接点で進める活動を「見込み客向け"新しい出会いの活動"」「既存客向け"関係を深める活動"」「固定客向け"特別な心遣いの活動"」という３つのテーマで、合計25個紹介（CRMシステム活用の活動も含む）。ランク別顧客数アップをテーマに、各店で７〜８個の実践活動を選択して、半年間の活動計画を作成。

■毎月の活動の報告、ランク別顧客の推移を標準フォーマットに記入して提出してもらい、活動のアドバイスを実施。高いモチベーションを維持してもらいながら、半年間継続して実践してもらった。

■半年後に２日間の教育で振り返りを行い、全店で活動事例を共有し、次の半年間の計画を作成した。

効果

■プログラム期間中の半年間で、顧客数アップが実現し、参加店の半年間の合計売上が10％アップした。

■参加店に提案する顧客と関わりを深める活動は、その企業ならではの内容にすることで、成果に繋がることが分かった。

この教育プログラムは、その後、全国各地で３年間、合計20回（100日間）、約300店舗に行いました。展開して分かったのは、その企業の進めたい顧客戦略に合わせてオリジナルテキストを作成することの重要性でした。どの企業でも使えるようなテキストでは成果に繋がらなかったでしょう。

化粧品業界という顧客戦略が一番進んでいる業界でも、その企業ならではの細やかな教育プログラムを展開すれば、顧客接点の改善余地が大きいことがわかりました。

「エステ業界Ｂ社」の教育プログラム

背景

■単価が高いセット商品が大きな収益に繋がるために、顧客と徐々に関わりを深めていく顧客戦略が、なかなか現場に定着していなかった。

■今までの施策・教育で、顧客戦略が示されることがあったが一過性で終わることが多かった。

■顧客ランクを設定していたが、現状の人数から目標を設定することもなかった。

教育プログラム概要

■年間５回（合計８日間）の教育プログラムを、その企業オリジナルでゼロから構築。

■初回の教育では、これからの時代を踏まえて、顧客に何を届けたらいいのかコンセプトを提案。CRMシステムから顧客ランク別の人数を把握。その数値をベースに四半期単位で顧客数の目標を設定。さらに、企業が目指す現場の未来像をカスタマーストーリーで表現して伝達した。

■四半期を１つのフェーズとして、CRMシステムから抽出した顧客数の変化を横目に、すべての顧客接点である「接客」「売場」「DM・レター・メール（CRM）」「イベント/販促」をテーマに、具体的活動案を提示し、RPDCを３回繰り返した。

効果

■顧客戦略を顧客接点で丁寧に進める上で大事な、RPDCのリズムを掴むことができた。

■期間中に「カテゴリートーク」「誕生日レター」「ニュースレター」「見直し相談会」等、実践事例の共有を行い、顧客戦略を高いモチベーションで進めてもらうことができた。

こぼれ話

　教育は意外と単発で行われたり、実践を伴わない場合が多いのですが、このプログラムは、毎回の研修時間の最後30分で改善活動を決めました。店舗で実践して、その結果を事前提出してもらい、それを次回の研修で参加全店で振り返りました。

　このようなRPDCのリズムを３回繰り返すことで、顧客接点に根付いていきました。RPDCを１回廻しただけでは、すぐに元に戻ってしまったでしょう。

「スポーツジム業界C社」の教育プログラム

背景

■生涯顧客という顧客戦略のゴールがあり、そのための顧客接点の活動はOJTで伝えられていたが、具体的な活動の内容は、店長や各店の判断に委ねられていた。各顧客接点の顧客体験の差が大きかった。

■店舗数・トレーナーも増えていて、個性を大事にしつつも統一感のある活動が、顧客戦略のさらなる推進のために必要になっていた。

教育プログラム概要

■プロジェクトメンバー８名で、今まで実践してきた活動を整理し、テーマ別に顧客体験の改善点を出して、活動マニュアルをゼロから作成。

■活動マニュアルを使って、プロジェクトメンバーが各店舗でセミナーを実施（実施前に台本をみんなで協力して作成）。

■セミナーを受けたトレーナーが、マニュアルの中から自分で課題活動を選んで実践。自分自身の振り返りはもちろん、プロジェクトメンバーからもコメントを届けた。さらに、振り返り内容を全トレーナーで共有した。

効果

■実施４ヵ月でクレームの数が約半分になった。顧客戦略を進める土台を見直すことができた。

■このプロジェクトがスタートしたのは、事業スタートから丸２年のタイミング。今売上は４倍になっている。このマニュアルは改変を繰り返しながら今も活用され、事業成長の１つのピースになっている。

こぼれ話

　活動マニュアルをゼロベースから作成したので、マニュアルの内容が現場に適合していたのはもちろんですが、プロジェクトメンバーに台本を丁寧に作成してもらい、顧客接点で働く人に想いを伝えることができた点が効果が出た要因でした。

　どんなにマニュアルの出来がよくても、それを顧客接点のスタッフに伝えるタイミングで、しくじってしまうことがよくあります。

「携帯業界Ｄ社」の教育プログラム

背景

■携帯キャリアＤ社では、新しいユーザーを獲得し、関係を深めてファンに育成し、ファンで居続けてもらうCRMを進めていた。

■顧客接点でCRMをより意図して、より丁寧に実践していくことが課題になっていた。

教育プログラム概要

■携帯業界は、市場成長時代には新規獲得を進めることが一番大事だったが、市場が成熟化し、CRMが重要になってきた事実。CRMを具体的に進める接客（ちょっとした特別扱い等）、メール（約１ヵ月・約３ヵ月・約１年後・約２年後の４つのタイミングで行うSTEPメール、メルマガ改善等）、ホームページ、イベントの改善活動を提示した。

■３ヵ月プランを作成し、実践。実践状況について個店別にアドバイスを行った。フォローセミナーを実施し、その後３ヵ月の計画を立てて実践してもらった。

効果

■ホームページのアクセス数が約３倍に伸びたり、顧客情報の共有による解約率低下、顧客感謝イベントによるファン数アップ等、成果が出た店舗が多数あった。

■元々、既存契約者にメール配信できる仕組みがあったが、あまり使われていなかった。今回の教育で、メール配信数が大きく伸び、顧客戦略が顧客接点レベルで前に進んだ。

こぼれ話

リアル店舗では、顧客との関わりを深めるにあたって、接客が主役になりますが、脇役であるホームページ・メール等のデジタルツールの強化も扱ったプログラムでした。

本部がデジタルツール全般を行っていることがありますが、今後顧客戦略を進める企業では、SNSをはじめ顧客接点で行うデジタルツールの活用が、重要になることを実感しました。

「飲食業界Ｅ社」の教育プログラム

背景

■市場縮小の外食産業の中で、同業他社と比べて顧客との関わりを大事に成長してきたＥ社が、さらに顧客戦略を前に進めて、固定客を積み重ねていく必要性を感じていた。

■飲食業界に存在するノウハウは一通り展開する中で、異業種のノウハウを展開することで、他飲食チェーンとの差別化をさらに進めたい。

教育プログラム概要

■「同じお客様に10年ずっと通い続けてもらうために」を思考の軸に、店長に向けて10年顧客プロジェクトとして、全12回の教育プログラムをゼロから構築して実施。

■教育内容は、来店からお見送りまでのすべての活動（0.身だしなみ・服装、1.挨拶、2.ご案内、3.注文お伺い、4.料理お届け時、5.お食事中、6.会計／見送り、7.店内装飾、8.ツール活用、9.販促・キャンペーン、10.お掃除）で進めた。

■毎月のセミナーテーマを縛りにして、次月までの1ヵ月間、各店で実践し、全店で結果の振り返りを行いながら、進めていった。

［効果］

■顧客接点全体で、一つひとつの活動の完成度が上がり、顧客戦略が前に進んだ。

■具体的には、来店時のお客様別の挨拶、お見送りのトークプラス、常連客に対する名前を呼ぶ接客、顧客台帳を活用した連続性のあるコミュニケーション、スピーディーな活動の中に余裕のある動作を入れて顧客との会話量アップ等、顧客接点の全体で改善に繋がった。

［こぼれ話］

　顧客戦略を顧客接点で進めるためには、顧客と接するすべての場面が大事です。顧客戦略は比較的ITの世界やDM等のツールにテーマがよりがちですが、顧客から見るとそれは企業と接している一部です。この教育プログラムでは、来店からお見送りまでのすべての活動を扱いました。

「ショッピングセンターF社」の教育プログラム

［背景］

■さまざまな業種が入った約100店舗の駅直結のショッピングセンター。顧客接点においては、ポイントカードによる販促を中心に、顧客戦略を推進していた。

■日々の活動（接客・売場・ツール等）においても、顧客戦略を進めることになり、年間を通じた教育プログラムを行うことになった。

［教育プログラム概要］

■夏・秋・冬を1つのフェーズ（3ヵ月）と考えて、そのフェーズごとに新規獲得・来店回数アップ・客単価アップをテーマに、顧客の体験価値が向上する具体的な活動を提案した。

■提案した活動の中から、自店に合った活動計画を作成し、実践。3ヵ月ごとのセミナーで、他店の実践事例の共有を行った。

［効果］

■時代にあった活動（接客トークの進化、POPの切り口の改善）を、顧客

接点で実践した結果、顧客の購買行動に変化を促すことができた。

■事例の共有を行う中で、提供しているモノ・サービスは違うが、同じエリアに住む顧客に対して価値を提供している認識が高まり、みんなで顧客戦略に取り組んでいく雰囲気が醸成されていった。

こぼれ話

例え業種が違っても生々しい実践事例の共有が進むことで、教育の受け手である顧客接点のリーダー（店長）の感情が動きました。それがスタッフに伝染して、顧客接点の活動が動きました。事例共有なしに活動ノウハウの提供を一方通行で行っているだけでは、顧客接点が動くことも、顧客戦略の理解も進むこともなかったと思います。

リアルビジネスの顧客戦略の推進は、各店みんなが一体となって取り組むことが大事で、それには事例共有が欠かせないことをあらためて感じました。

「アパレル業界Ｇ社」の教育プログラム

背景

■長年顧客戦略に取り組み、経験豊富なスタッフがいながらも、少子高齢化の影響で安定成長が難しくなっていた老舗アパレル小売業。

■今後、同商圏に競合企業の進出が大いに考えられる中で、新しい顧客戦略を模索していた。

教育プログラム概要

■教育内容は、固定客育成のさらなる推進の必要性と、10年顧客という新しい顧客戦略のコンセプトを説明。新規獲得、既存客育成、固定客維持の３テーマで、明日からできる具体的な活動を提案。

■スタートアップセミナー後からすぐに活動をスタートし、フォローセミナー前に参加全員から活動報告をしてもらい、セミナーでアドバイスを実施。さらに10年顧客のクレドを伝達し、具体的な活動だけではなく、心構えも整理して、顧客戦略を前に進めた。

効果

■顧客に10年来てもらうために、洋服を売るというより、お客様の出で立

ち・ファッションが良くなるように、コーディネートを提案した所、顧客に新しい気づきを与えることが増えた。

■今回の取組の前から、レジで購入履歴を見て、接客で活用していたが、さらに顧客の好みの色・デザイン・素材や、プライベート情報をシステムに入力して、他スタッフとも共有。顧客に役立てることが増えた。

■誕生日DMのコメントを、一人ひとりのお客様に想いを馳せて、より丁寧に書くようにしたところ、反応率がアップした。

こぼれ話

20年、30年来ている顧客が数多くいる老舗企業においても、顧客戦略の教育プログラムは、顧客接点に新しい風を吹かせることができました。教育というと、ベテランのスタッフから"いまさら…"という感じで敬遠されることがありますが、丁寧に設計された教育プログラムであれば、ベテランスタッフからも受け入れられますし、実際に新しい動きに繋がりました。

3 講師と参加者のフラットな関係

上下関係の教育ではなく、フラットな関係の教育が、顧客戦略では大事

2では、さまざまな教育プログラムを紹介しました。主に教育内容についてお伝えしましたが、ここでは教育内容ではなく、講師（本部）と参加者（顧客接点のリーダー・スタッフ）の関係性について、顧客戦略の教育ならではの注意点をお話します。

講師と参加者はフィフティーフィフティー

通常の教育は、講師が先生、参加者が生徒であり、教える側が上の立場で、教わる側が下の立場になります。社会人のマナーや法令遵守（コンプ

ライアンス）などの教育であれば、上から目線の教育でOKでしょう。

　顧客戦略の教育はどうでしょうか。参加者の方が顧客戦略で一番重要な顧客接点で日々働いていて、今、どんな活動が顧客の反応が良いのか知っています。顧客の状況について日々感じています。一方で講師は顧客戦略について、受講生よりも詳しいです。お互いに勝る所、劣る所があります。顧客戦略を教える講師と参加者は、上下関係ではなく、フラットな関係を基本にします。

　当たり前と言えばそれまでですが、この視点は本当に重要で、顧客戦略の教育は、短期間では終わりません。講師と参加者は、顧客との関係と同じように、フラットな立場で関わりを深めていきましょう。

講師が大事にすること

　そのために、講師はどんなことを大切にすれば良いのでしょうか。大きく３つあります。

①態度と心意気

　実際にセミナーの会場で参加者と会った時の挨拶、講義中の話し方に気を使います。参加者の人数にも寄りますが、講師側から参加者に挨拶とアイコンタクトを自ら積極的に行うことは、顧客接点で日々働いている人へのリスペクトを示します。逆に参加者から講師を見て、"上から目線感""プライドが高そうな態度"はマイナスです。

　講師に顧客接点のスタッフの仕事の充実を願う心意気も必要です。顧客接点を担うスタッフは、感覚が優れた右脳型の人が多いです。気持ちがなくて取り繕った態度は見透かされます。

②言葉選び

　日本の言葉には、「外来語（洋語）」「漢語」「大和言葉（和語）」の３つがあります。外来語は、抽象的なこと、社会の発展に伴って出てきた新しいことを表すために、使われている言葉。漢語は、漢字の音読みからなる言葉。大和言葉は、ひらがなや漢字の訓読みからなる言葉です。

下記では顧客戦略の用語を、外来語・漢語・大和言葉で表しています。

外来語	漢　語	大和言葉
カスタマージャーニー	顧客の旅	お客様が固定客になるまでの流れ
MA （マーケティングオートメーション）	販売促進活動の自動化	お客様の動きに応じて活動を自動的に行う事
ロイヤルカスタマー	固定客	ずっと通ってくれるお客様
SWOT	長所／短所の分析	良い所／改めたい所を確かめる
モチベーション	意欲	やる気

　どの言葉が参加者（顧客接点のスタッフ）の心にスーっと、入っていくでしょうか？

　話し言葉調で耳に心地よく、優しい印象を与える「大和言葉」です。「大和言葉」には、日本人の心に自然に染み渡る特徴があります。講師がメッセージを伝える時の優先順位は、大和言葉、漢語、外来語の順番です。外来語はなるべく漢語に、漢語はなるべく大和言葉にしましょう。

　同じ意味でも、言葉の使い方によって、参加者の心にどのくらい届くのか変わってしまうという事実は、とても怖いことです。いくら熱意があっても、いくら論理的でも、たかが言葉選びがズレていただけで、参加者の頭の中の理解に留まってしまい、心まで届かないからです。

　また、外来語・漢語を多用する講師は、参加者の立場から見ても、分かりづらいので、問題があります。講師の言葉選びで避けられる負担を負うことになる参加者は、講師に対してネガティブな印象を持ちます。

③参加者の顧客戦略の捉え方

　最後は、顧客戦略の教育プログラムを「参加者（顧客接点を担う人達）にどのように捉えてもらうか」というテーマです。

　教育プログラムで伝えている内容を、「新しいことではなく、今まで顧

客接点で進めてきたことの完成度を高めることなんだ」と捉えてもらえる
ようにしましょう。顧客戦略の目的は顧客との繋がりを今よりも深めるこ
とで、基本的にはもともと進めてきたことです。必要以上に新しい感を出
さないようにします。それによって新しいことに抵抗がある人も、顧客戦
略の取り組みにスムーズに参画してもらえます。

参加者を顧客と見立てることで生まれる一体感

　講師は参加者を顧客と見立てて接することをおすすめします。もちろ
ん、教育ですからそれだけでは済まない場面はありますが、参加者を顧客
と見立てることで、講師と参加者の関係が深まり、一体感を持って教育プ
ログラムを前に進めることができます。

┌─ コ ラ ム ─┐

顧客接点への教育で、階段を踏み外さない

　顧客戦略の教育でよくあるパターンが、「1.顧客戦略の概要説明」と、「2.システムの操作方法」をセミナー（またはeラーニング）で伝える形です。

　顧客戦略の概要として、「自社が置かれている市場環境」「顧客体験とは？」「自社のカスタマージャーニーの内容」などが説明されます。顧客戦略の専門用語が多く登場します。そして、システムの操作方法については、システム担当者が淡々と説明します。

　こうなると、セミナーに参加した顧客接点のスタッフは、今まで自分達が実践してきた活動を、耳慣れない専門用語で聞き、システムの操作が面倒になった印象を持ちます。

　教育をプログラムとして継続していくことで、顧客戦略を徐々に現場に浸透させていくなら良いのですが、一回だけのセミナーで伝えて、後は現場任せとなってしまうと、どんな素晴らしい顧客戦略も顧客接点の浸透度が上がりません。この時点で前に進まない状況になるのは目に見えています。

　せっかく、顧客戦略の構築、システムの投資、社内の合意と、がんばって進めてきたのに、顧客接点のスタッフを教育する段階で、階段を踏み外してしまうのは、実にもったいないことです。

第3部 顧客戦略の実務 STEP 5

顧客との繋がりがより深まる、具体的な活動を実践する。

顧客接点の活動実践

　STEP 5の「顧客接点の活動実践」は、７つのSTEPのなかで唯一、顧客と直接的に関わり合いがあるSTEPです。

　ここまで説明してきた「STEP 1 顧客戦略の全体イメージ」「STEP 2 顧客戦略の仕組み」「STEP 3 理想的な顧客体験（行動）の設計」「STEP 4 顧客戦略の教育プログラム」は顧客戦略の構築には大事ですが、顧客の体験場面ではありませんでした。

　いくら顧客戦略の構築を丁寧に進めても、STEP 5で扱う「顧客接点の活動」が進化しなければ、顧客から見て変わっていないことになります。顧客戦略の推進においてSTEP 5「顧客接点の活動実践」はとても重要です。

　では、どのように進化する必要があるのでしょうか。ひと言でいうと、今の時代にあった活動に進化させることです。挨拶一つとっても時代によって変わりますし、商品紹介の仕方、SNSの投稿内容も変わります。

顧客と関わりが深まる活動

「共感」「共振」「共有」で、時代に合わせた活動に近づく。

　今この時代に顧客と繋がりを深めるためには、どんな点を大事に活動すれば、顧客の体験価値は高まるのでしょうか。成長時代・低成長時代・これからの時代という3つの時代を踏まえて、お話します。STEP 1で伝えた内容と重なる部分もありますが、復習だと思ってお聞き下さい。

成長時代に合った活動「基本の活動」

　市場が成長している時代（高度経済成長・バブル時代）は、顧客の意識が「モノ・サービス」に向いていて、モノ・サービスを提供している「企業が主役の時代」だったと、STEP 1でお伝えしました。

　この時代に顧客接点の活動で大事なことは「基本の活動（基本的な挨拶・礼儀作法など）」でした。「基本の活動」ができていればOKでした。ただ今は「基本の活動」を徹底しても、商品・サービスによほどの特徴がなければ、顧客が安定的に増えません。

　もちろん、基本の活動は大事です。しかしそれだけでは頼りないのが現実です。今存在している企業のほとんどが、一定の基本ができているので、それだけでは他社を上回ることにならないからです。

低成長時代に合った活動「顧客視点の活動」

　低成長時代は、少子高齢化・将来の成長への不安、売り手が増えていく状況もあり、「買い手（＝お客様）が主役の時代」です。

　この時代の活動で大事なのは「顧客の視点」です。今も「顧客の視点」は大事なのですが、「顧客視点の活動」を進めても、顧客との繋がりがそれほど深まりません。成長を競い合う競合他社も顧客の視点で活動しているからです。顧客の視点の活動は"あたり前"なのです。

これからの時代に合った活動「共感・共振・共有の活動」

　これからは、企業と顧客が一緒に地域・社会を創る、「地域・社会が主役の時代」です。

　企業と顧客の垣根が低くなり、地域、社会の中で溶け合っていく時代です。そんな時代に顧客と関わりが深まる活動として大事になるのは、「共感・共振・共有」という切り口をベースにした活動です。「顧客体験の向上＝顧客のココロを動かす」ためには、価値を"共に"感じて、ココロが触れ合う場面を増やすことがポイントになるからです。

　❷から共感・共振・共有をテーマにした、接客、売場、リアルツール、デジタルツール、販促・イベントの活動について紹介する中で、どうして3つの切り口が大事になるのかに触れていきます。この時点でピンとこなくても大丈夫ですので、ご安心ください。

「顧客接点の心掛け」と「顧客と繋がる活動」は、同じ考え方

　「共感・共振・共有」は、STEP 3でお話した「顧客接点の心掛け」を考える際の切り口と同じです。「顧客接点の心掛け」の延長戦上にあるのが「顧客と関わりが深まる活動」だからです。心掛けから具体的な活動が同じ言葉で繋がることで、分かりやすくなります。

　顧客戦略にはさまざまな概念が出てきますが、言葉が多くなればなるほどに、顧客接点で働く人達にとっては複雑になり、捉えにくくなります。できるだけシンプルな流れにしたいという考えもあって、同じ切り口にしています。

　ただ、企業によっては、「共感・共振・共有」という言葉が、顧客との繋がりを深める活動を考える中で、なじまないこともあります。その場合はこだわらないで柔軟に考えながら、私自身もコンサルティングをしています。

2 顧客に近づく「共感」活動

小さな「共感」を積み重ねて、少し特別な存在になろう！

　まずは「共感」の活動からお話します。

　共感とは、『顧客が考えていること・気持ち（願い・不安）に、顧客接点のスタッフが 'そうなんですか…' 'なるほど…' と深く感じ入ること。顧客に近づいていくこと』です。

　この考え方をベースにどんな「挨拶」「ヒアリング」「POP」「SNS・ホームページ」「DM」「イベント」「MA」が、顧客との共感量を増やし、繋がりを深める効果があるのか、紹介します。

共感の接客「会話が生まれる挨拶」

　「いらっしゃいませ」と「こんにちは」、どちらの挨拶が「共感」を生みやすいと思いますか？「いらっしゃいませ！」と言われて、「いらっしゃいました！」と顧客は言えないので（笑）、スタッフと顧客の会話が生まれづらいのが「いらっしゃいませ」の挨拶です。

　「いらっしゃいませ」と、「こんにちは」（「おはようございます」「こんばんは」）を組み合わせることで、共感が生まれやすくなります。スタッフから、「こんにちは」と言われれば、一定の顧客は「こんにちは」と返してくれて、言葉を交わすことで関わりがはじまるからです。

　ある居酒屋チェーンで「こんばんは」の挨拶を実施いただきました。さらに、接客した記憶がある顧客には「あ♪こんばんは」と、「あ♪」を付けることで、覚えていることをアピールする挨拶を実施しました。すると、顧客の反応がよく、スタッフとの会話量が増えて、今まで注文してくれなかったメニューの注文も増えました。

　ある写真店でも「こんにちは」の挨拶を大事にしてもらったところ、顧客との会話が以前よりも広がりました。実践したお店からは「ほとんどのお客様が、挨拶を返してくれるようになった。私達も嬉しい！」「"こんに

ちは"から入ると、お客様が自分からお話してくれることが増えた」「挨拶一つで、お客様との繋がりが深くなることに驚いた」とのことでした。

共感の接客「過去・今・未来を意識したヒアリング」

　人はどんなことを感じた時に、関わりが深まったと感じるでしょうか。自分のことを深く知ってくれて、共感してくれた時です。深く知るとは、過去について知っていて、今もコミュニケーションを取っていて、未来のことも話していることです。顧客接点で働くスタッフが、顧客の過去・現在・未来の話を聞く相手になれたら、顧客とスタッフの繋がりは深まります。

　一方でスタッフが顧客の過去のこと、今の事を聞かずに、これから買う商品、未来についてだけ聞いていると、関わりが深まりません。

　例えば、冷蔵庫を買いに家電店へ行ったとします。接客スタッフが「以前（過去）どんな冷蔵庫を購入しましたか（過去のこと）」「今、冷蔵庫のことで困っていることはありますか（現在のこと）」を聞かずに、これから購入する冷蔵庫の希望（未来のこと）ばかり聞いてくるとします。そんなスタッフと会話を深めたいと思うでしょうか。

　過去・現在・未来の時間の流れを意識したヒアリングは、顧客に深く共感でき、関わりを深めることに効果があります。

　あるスポーツジムでは「"過去"に本格的なスポーツの経験があるのか」「"今"どのくらい体を動かしているのか」「"これから（未来）"どんな風になりたいのか？」を聞いていくことで、顧客に深く共感していくことができました。そこで行われた深いヒアリング内容は、システムに入力しておき、次の活動に活用しています。

共感の売場「顔が見える POP」

　主語がないPOPは、誰が言っているコメントなのか分からず、顧客にとって共感しづらいものです。一方で顧客の共感を呼びやすく、顧客の目を引くPOPがあります。それが顔が見えるPOPです。

　以前は小さい店舗のみにあった「顔が見えるPOP」ですが、最近では、

イケアで家具を作ったデザイナーのPOPがあったり、大手小売チェーンで
もスタッフのおすすめポスターなどに取り組んでいます。

・スタッフの顔が見える POP

　スタッフが主語になった POP です。内容は「スタッフ自身が使ってみ
た感想」「商品を仕入れた理由」などです。ダイエットショップで実施し
たところ、普段はPOPにあまり関心を示さない顧客も、笑みを浮かべなが
ら見てくれました。全体としても反響アップに繋がりました。

・顧客の顔が見えるPOP

　顧客が主語になったPOPです。内容は「顧客が商品・サービスを買った
理由」「顧客が最初に商品を使った（食べた）感想」「商品を使った顧客の
使用後のエピソード」などです。ある治療院では、顧客が治療院に来る前
の状況、通い続けている理由、今の状況を明らかにしたPOPを実施してい
ます。

・開発者/生産/製造者の顔が見えるPOP

　商品の開発者・デザイナー、原料の生産者、工場の責任者が主語になっ
たPOPです。内容は「開発者・デザイナーのこだわり」「生産者の苦労」「製
造工程に関わった人の想い」などです。

共感のWEB展開「共感を生むSNS・ホームページの内容」

　SNS・ホームページの内容は、ややもすると告知系投稿（新商品の発売・
キャンペーン）が多くなってしまうことがあります。告知系投稿はもちろ
ん大事なのですが、顧客が共感してくれることが少なく、顧客との関わり
が深まらないことが多いのが問題です。顧客戦略を進める企業では、共
感系投稿を意識します。共感系投稿とは、お客様一人ひとりの希望、お客
様のお悩みへの共感から生まれた投稿です。いいね数、フォロワー数、エ
ンゲージメントを高めることができます。

―共感系投稿の流れ（例）―

　①先日来店された、あるお客様の話です。

　②そのお客様のご希望は〇〇でした。

　③実は以前の私と一緒だったんですよね♪

　④そこで〇〇というアドバイスをしました。

　⑤〇〇を体感していただき、ご納得くださり、購入いただきました。

　⑥やっぱり〇〇は実際に試すことが大事です！

共感のリアルツール「ニュースレター」

　自店の購入客に、時間の経過とともに企業・スタッフへ親しみを深めてもらうためのツールとして「ニュースレター」があります。ニュースレターは、既存顧客に送付する定期通信誌のことです。イベント告知 DM・チラシといった、直接的な集客・売上獲得を目的としたものではなく、企業と顧客との繋がりを深める目的で実施します。　1年に4回（3ヵ月に1回）の発行が目安になります。

　内容のポイントは、顧客接点から生まれたオリジナル情報です。「オリジナル情報」とは、「顧客接点に関わる人（リーダー・スタッフ・顧客など）を起点にした情報」です。顧客接点に関わる人の実感が込められた文章と、顧客接点に関わる人が写っている写真が、ニュースレターをもらった顧客の共感を呼びます。多くの企業で費用対効果の高い販促になっています。

共感のイベント／販促「個客イベント」

　顧客がずっと通い続ける店舗は、特別な店舗でしょう。特別な存在になるためのイベントとして、個客イベントがあります。個客イベントとは、顧客と担当スタッフが1対1で、個別相談・提案するイベントです。基本は銀行・証券会社が行う個別資金相談会、メガネ店が行っている補聴器個別相談会がこれにあたります。

　なぜ特別な存在になるために効果があるかというと、顧客の共感度をグッと深められるからです。「自分の業界で効果があるのかな…」そう思った人もいると思いますが、まず固定客で試してみることをおすすめします。

　以下、さまざまな業種で取り組める個客イベントを紹介します。

・化粧品店

　「お肌の調子はいかがですか？お肌健康診断」

　化粧品店には、肌を測定できるデジタル機器があります。デジタル機器でお肌をスキャンし、水分・脂量・メラミン・キメなどを以前の状況と比較します。改善された点、まだ改善されていない点を顧客とスタッフの間で確かめ合いながら、これから半年間のお手入れ計画を立てます。

・美容院

　「これから１年間の髪型は？ヘアファッションミーティング」

　１年に１度、最近１年間の顧客のヘアスタイルの写真をスマホで見ながら、どんなイメージ・髪型にしたいか顧客にヒアリングし、これから１年間の髪型について話し合います。

・モーターサイクルショップ

　「来年のバイクライフについてお話しませんか？個別ミーティング」

　寒い季節は、バイクに乗る人が少なくなってきます。そんな時期に、来年の理想的なバイクライフについて話し合います。その会話内容はシステムに蓄積し、その後のコミュニケーションに活用します。

共感のMA展開「ホームページ閲覧ページに応じたメッセージ」

　MAを導入している企業では、顧客登録している人の自社ホームページの閲覧履歴がわかります。あるページを見た人へ、自動的にメールを送り、そのメールを開けて特設ページを見てくれたお客様に、個別アプローチを行うことで、来店を誘引できます。

　例えば、高級アパレルショップでは、あるコートのページを見て価格まで確認した顧客に、関心を持ってくれそうなブログ（この秋のコート選びのポイントが書かれたブログ）のアドレスを載せたメールをお送りして、今の顧客心理に共感します。そのブログを見てくれたら、担当者から個別にTEL・メールのアプローチを行うことができるでしょう。

共感の量が大事

　今、顧客接点で顧客に共感をしていないスタッフはいないでしょう。ただ共感の量が少ない場合はあります。共感量を増やすことは、顧客との繋がりを深めるベースになります。

　私はお酒が好きで、先日ある割烹のお店に行ったのですが、スタッフさんに今日のおすすめを聞くと「この紙に書いてあります！」と元気に答えてくれました。私としては、注文に迷っていることを共感してもらって、いろいろ話を聞いて、メニューを決めたかったのですが……。共感量が少ないと、次回来店になかなか繋がりません。顧客との関わりを深めるためには、企業として共感量を増やす活動を前へ進めることが大事です。

3　顧客を導く「共振」活動

「なるほど」と顧客に納得してもらい、ファンを増やす。

　続いて「共振」の活動についてお話します。
　共振とは、『顧客接点のスタッフが身近な専門家としての考え方・捉え方を伝えて、'そういう見方があるんだ〜''そうなのか〜'と顧客のココロが動くこと』です。
　この考え方をベースにどんな「商品紹介」「売場」「SNS・ホームページ」「DM」「イベント」「MA」が、今の時代に顧客への共振量を増やし、繋がりを深める効果があるのか、紹介します。

共振の接客「カテゴリートーク」

　今、顧客は買い物を失敗したくない気持ちが強くなっています。失敗しない買い物とは、ある商品を買おうとした時に、同じカテゴリーのたくさんの商品の中から、自分にとって最適な商品を選ぶことです。
　昨冬、セーターを探していて、ある百貨店のアパレルショップに入った際、こんなトークをしてくれました。
　「このセーター、着てみると分かるのですが、○○○という特殊な素材で本当にあったかくて、おすすめです！」

その時に「ユニクロだったら、同じようなセーターで、値段が半分のモノがありそうだな〜」と思い、購入には至りませんでした。

私はセーターのカテゴリーの話を聞きたかったのかもしれません。例えば、こんなトークをしてくれたら納得感がアップして購入したかもしれません。

「このセーター、○○○という特殊な素材で本当にあったかい商品です。同じような素材のセーターは他のお店でも売っています。この商品は正直、ちょっと高いです。ただ、他店のセーターに比べてシルエットがとてもキレイなんです。着た時の後ろ姿が違います」

これは、「カテゴリートーク＋商品特徴トーク」です。カテゴリートークは、顧客側からすると、自分と同じ立場で語ってくれるトークです。

数年前、自宅のカーテンを買い替えました。東京で一番大きいカーテン屋さんに行ってみたのですが、そのお店では「商品特徴トーク」のみを受けました。一方、購入を決めた北欧のカーテン屋さんでは、「カーテンカテゴリー＋商品特徴トーク」をしてくれました。

具体的には「カーテンは、日差しを遮る、室内が見えないようにするためにありますが、もっと大きな役割は、人の心をハッピーにさせる、心を癒すことだと思っています。疲れて家に帰ってきたときに、お気に入りのカーテンで彩られたリビングで時間を過ごせたら、どんなに気分が安らかになるでしょうか？」「このカーテンはスウェーデンで生まれたブランドでスッキリしたデザインが特徴です。素材も……」というトークをしてくれました。納得度が高く、商品もよかったので、予算より10万円高いカーテンを購入しました。カテゴリーの話は、単価アップにも繋がることを身を持って体験しました（笑）。

カテゴリートークは、身近な専門家として考え方・捉え方を示すことなので、共振に直結する活動です。顧客は顧客接点のスタッフに対して、ちょっとした尊敬の気持ちを抱いてくれて、顧客との繋がりが深まります。

アパレルショップで、ジャケットやスカーフをテーマにしたカテゴリートークを実施いただいた所、単価アップに効果がありました。化粧品店（約30店舗）で実践してもらったところ、カテゴリートークの実践数と固定客

増に相関関係がありました。専門店ではカテゴリートークは鉄板です。

共振の接客「コストパフォーマンストーク」

　コスパが大事な時代です。お客様に値段を聞かれた時に、商品の価格（コスト）をシンプルに伝えるだけでなく、パフォーマンス（商品価値）も丁寧にお話しましょう。顧客は、コスト（価格）とパフォーマンス（商品価値）を比べて、購入するかどうかの判断を下しやすくなるからです。コストパフォーマンスを軸にしたトークで、購入判断を手伝ってくれる顧客接点のスタッフは、顧客にとって関わりを深めたい人です。

　あるドラッグストアの教育担当者向け講座で「コストパフォーマンストーク」を紹介したのですが、顧客接点のスタッフの納得感が高く、実践と成果に繋がりました。

共振の売場「商品の選び方ボード」

　ある家電量販店では、ほとんどの売場に商品の選び方が書いてあるボードが設置されています。例えば、電気ポットコーナーのボードには「魔法瓶構造かどうか」「コードレスかどうか」「沸騰スピードはどのくらいか」「省エネ機能が付いているか」「タイマーが付いているか」などが示されていました。暖房機器、空気清浄器、扇風機、炊飯器コーナーにも、それぞれ商品の選び方が書かれたボードがありました。

　まさに共振です。顧客にとって商品の選び方を教えてくれるお店は、とてもありがたい存在です。自分に合った商品を選びやすくなるからです。購入の後押しになります。商品を買いに行ったのに買わないのは、どの商品を選んだらいいのか分からずに決断できないことが多いからです。

　ある釣具チェーンで、「商品の選び方ボード」を実践いただきました。顧客が売場をよく見てくれるようになったのはもちろん、接客のアンチョコとしても活用できました。

共振のWEB展開「共振が進むSNS・ホームページの内容」

　SNS・ホームページの内容において、顧客目線からの新商品の特徴、似

ている商品との違い、この時期ならではの商品使用時の注意点など、共振
をベースにした情報を発信します。情報を求める顧客から「なるほど」と
感じてもらいます。この考え方は、WEB上で価値あるコンテンツ（情報）
を発信して、顧客獲得に繋げるコンテンツマーケティングに近い考え方
です。

―共振系投稿の流れ（例）―

①今日は新商品〇〇と既存商品〇〇の違いについてお話します。

②大きく３つの違いがあります。

③１つ目は〇〇〇です。…

　２つ目は〇〇〇です。…

　３つ目は〇〇〇です。…

④ぜひお店に見に来てくださいね！

共振のリアルツール「新習慣（新しい生活）訴求DM」

　販売促進を目的に、定期的に顧客へダイレクトメール（DM）を送る場
合、共振の視点で考えていくと、顧客の新しい習慣作りを訴求することが
大事になります。「販促DM＝新商品の紹介、セール/割引」というイメー
ジがありますが、顧客戦略の世界では「販促DM＝新習慣づくり」と考え
ます。新しい習慣に導いてくれた企業に対して、人は深い印象を持つから
です。

　ダイレクトメールには、以下４つのパターンがあります。

①クロスセルDM

　ブランドショップA社では、洋服は買うけれどバックは買わないお客様
を抽出し、バックの定番商品・人気商品を通じた新習慣をアピールしたダ
イレクトメールを送付しています。未購入カテゴリーの購入を促すクロス
セルを促して、売上を上げています。

②アップセルDM

　ドラッグストアB社では、「肩こり・腰痛」の健康商品を購入した顧客に、
「関節」の痛みにも効果があるワンランク上の健康食品のダイレクトメー
ルを送っています。来店したお客様に接客で新しい習慣・商品を説明し、

実際の販売に繋げています。

③買い替え促進DM

　ある企業で、既存使用商品の買い替えを訴求するために、実際に買い換えた顧客に登場いただき、買い換えた理由、買い換えた今の状況（新しい習慣）をインタビューで答えてもらうDMを作成したところ、効果がありました。

④顧客タイプ別DM

　カード会社C社では、アンケートの調査結果で、顧客を9つに分類し、その分類に基づいて新しい習慣を訴求するダイレクトメールを送付しています。内容はもちろん、配色レイアイトも変更しています。

⑤新商品告知DM

　アパレル会社D社ではシーズン前に、新商品を活用した新習慣を訴求したダイレクトメールを送付しています。

共振のイベント/販促「教室系イベント」

　顧客との繋がりを深めるために、扱っている商品・サービスの理解・興味を深めてもらうことは、とても有効です。例えば、自動車ディーラーであれば「車そのもの」「自社ブランド」「車のある生活」、靴屋さんであれば「靴そのもの」「靴の最適なコーディネート」「ファッションの流行と靴の関係」、呉服店であれば「着物そのもの」「着物の歴史」「和の装い」の理解・興味を深めてもらうことです。

　理解・興味を深めてもらえれば、顧客の日々の生活、もっと広く捉えると人生の中での優先順位が上がります。先ほどの例で考えると「車」「靴」「呉服」の優先順位が上がります。優先順位が上がれば、消費の優先順位も上がります。

　そんな現実を作ってくれるのが、共振イベントの代名詞である「教室系イベント」です。いろいろな企業で取り組んでいます。

・あるカフェでは、「コーヒー教室」を行っています。地域の女性の参加が多く、固定客づくり、コーヒー豆の販売に繋がっています。

・日本橋三越では「はじまりのカフェ」と評して、「冷凍ストックで時短クッ

キング」「はじめてのLINE教室」「写真撮影のやり方」「日本橋そば講座」
「タブレットの使い方」などを毎日実施しています。
・表参道にある高級紳士靴店では、「シューケアセミナー」を実施していました。40分程の講義で、革靴を水にぬらすという、TV・雑誌などであまり紹介されていないお手入れ方法を、紹介していました。
・あるフィットネスクラブでは「お昼寝ストレッチ」と評して、会社のお昼休みに焦点を合わせて、「12：35〜12：50」の15分のミニ教室を行っています。

共振のMA展開「購入お礼→商品のこだわり→ブランド訴求」

　スタッフと顧客が関わりを深めたケースとしてよくあるのが、スタッフと顧客が同じブランド・シリーズが好きな場合です。立場は違いますが同じブランド・シリーズが好きな仲間なのです。そんな状況を作るために、働いているスタッフに販売しているブランドを好きになってもらうことを進めつつ、より多くの顧客にブランドのことを好きになってもらう必要があります。そのために、商品を購入後、購入お礼メッセージを送りつつ、ブランドの理解を深めるメールアプローチをMAを活用して行います。

　まず購入翌日に購入お礼のメール、３日後に購入商品のこだわりを訴求したメール、７日後にブランド訴求のメールを送ります。顧客のココロが動く共振レベルまで行き着くために、ブランド訴求のメッセージは、動画を活用するのがおすすめです。その動画を見たかどうかは、MAでわかるので、接客の際に（顧客が動画を見た事をスタッフ側が知っていることを悟られずに）感想を聞いたり、動画を見ていなければ、接客でブランドのお話をします。アパレルブランド、ジュエリーブランド等での実施が考えられます。

共振の量が大事

　先日、ある自動車ディーラーの営業部長とお話した際に印象的だったのが、「最近、お客様が車種や色で迷っている時に、“お客様のご判断ですから”みたいな感じで、営業マンが自分の意見をあまり言わなくなったんだ

よなあ〜。お客様の意見はもちろん大事なんだけど……」というお話でした。

　皆さんの企業ではどうですか。顧客接点で、身近な専門家としての考え方・捉え方をあまり伝えない、共振の量が少ないスタッフが増えていませんか。共振量が少な目だと、顧客のココロがあまり動かないので、そのスタッフのファンが増えませんし、次回購入になかなか繋がりません。顧客との関わりを深めるために、企業として共振量を増やす活動を前へ進めましょう。

顧客と繋がる「共有」活動

買う側と売る側の立場を超えて、喜び合える関係に。

　最後は「共有」の活動についてお話します。

　共有とは、『顧客がココロから望んでいることを、顧客と顧客接点のスタッフが共に手に入れていくこと。喜び合うこと』です。

　この考え方をベースにどんな「会計後の会話」「顧客データを活用したコミュニケーション」「ボード」「SNS」「ツール」「MA」「イベント・販促」が、今の時代に顧客との共有量を増やし、繋がりを深める効果があるのか、紹介します。

共有の接客「会計時・後のフォロー接客」

　顧客と関係を深めるために、１回１回の"お買い物"が心から良かったと、顧客に満足してもらうことが大切になります。では"お買い物"をして本当に良かったなあと思う時は、どんな時でしょうか。自分が買ったモノを自分で使ってみた時、使っている間です。そう感じてくれる顧客を増やすために、買ってくれた商品の使い方・お手入れについて丁寧に伝え

ます。

　どのタイミングで伝えればいいのでしょうか？会計時・後がベストのタイミングです。ECで購入した場合は、お礼メールのタイミングです。

　実は、商品を買う決断の前は、売る側から情報を伝えても、"私に商品を買わそうとしているのでは"という警戒心から、顧客は話を半分くらいしか聞いていないケースがあります。

　しかし、会計時・後は違います。すでに買う決断をしているので、商品の使い方・お手入れについての情報を届ければ届けるほどに、耳を澄ませて聞いてくれます。それによって、商品を買った後、本当に買って良かったなあと感じてくれる可能性が高くなります。会計時・後は、顧客と顧客接点のスタッフの間に共有が生まれやすい場面なのです。

　会計時・後の接客は、次回購入に向けての"最初の接客"です。商品の使い方・お手入れについて丁寧に伝える他にも、購入商品がベストなセレクトだったと伝えるトーク、お見送り時のざっくばらんな会話など、多様な接客方法があります。これらのノウハウは、ECでも使えます。

　ある釣具店では会計時に「釣果期待トーク（釣れるといいですね。釣れたらぜひ教えてください）」を届けることで、顧客から「また来るよ」と言ってもらえています。実際に再来店に繋がることも多く、共有場面が増えています。

共有の接客「顧客データを眺めて想いを馳せる」

　今、どのように顧客データベースを活用しているでしょうか。顧客の過去の購入商品を調べたり、データを分析したり、WEB上の顧客の動きに基づいてメール・DMのアプローチ（MA）をしたりなど、データベースを活用していると思います。

　顧客との共有場面を増やすために、もう一つ進めて欲しい事があります。固定客（ロイヤルカスタマー）の顧客データベースを普段から眺めて、その顧客のこれから（未来）について、想いを馳せることです。顧客の事（行動／気持ち）をいろいろと想像することです。例えば「Aさんは最近、ネットで〇〇を購入したんだなあ、次の来店時は〇〇の話をしようかな」

等です。

　それによって、次に会った時の接客や、メッセージ（メール・レター・LINE・メッセンジャーなど）がさらに充実します。顧客とスタッフの共有量が自然に増えていきます。ある地域No.1の化粧品店でも取り組んでいます。

　そんなことを進める時間があるかな…と考えた人もいると思いますが、1日10分間（1名1分）でOKです。1ヵ月（20日稼働）で、200人の固定客の未来に想いを馳せることができます。

共有の売場「共有事実をアピールした店前の黒板ボード」

　企業と関わりが深い顧客を増やしていくにあたって、新しい顧客の量はその土台になります。店舗ビジネスでは、お店の前を通る人は新しい顧客の有力候補です。

　そのために店前の黒板ボードを活用しますが、最近どのお店でもやっているので、実施するだけでは効果が薄くなっています。今効果が出やすいのが、顧客との共有事実を書くことです。具体的には、顧客の喜びの声や、イベントで顧客と共有できた事などが有効でした。

　弊社近くの不動産仲介会社でも熱心に取り組んでおり、立ち止まって読んでいる人をよく見かけます。

共有のWEB展開「共有が広がっていくSNS投稿」

　共有量を増やしていくWEB展開は、SNSの活用が鍵になります。例えば、顧客に登場してもらう投稿です。共有場面は日々顧客接点のスタッフと顧客の間に生まれていますが、そんな共有場面をSNSを通じて他のお客様とスマートに共有できます。モーターサイクルショップが納車の場面を投稿しているのがそれにあたります。

　顧客が名前・顔を出さなくても、顧客の生活変化の事実をベースにした投稿は、共有が広がりやすくおすすめです。

―共有系投稿の流れ（例）―

　①先日、お客様にこんな言葉をもらいました。

②お店に通って１年で、〇〇の変化を実感できたとのこと。

③〇〇の改善をお客様と喜び合うことがこの仕事の醍醐味です！

④これからも〇〇の役に立ちたいです♪

　さらにSTEP 3で紹介した、SNS内で「顧客が投稿してくれた自社商品の好意的な投稿（〇〇を使ってみてよかったなどの投稿）＝User Generated Contents（ユーザー生成コンテンツ）」を拡散する方法も有効です。宣伝色が薄い形で、共有の事実を広げていくことができます。HIS、永谷園、オイシックスがInstagramで取り組んでいます。

共有のツール「パーソナルお礼メッセージ」

　多くの企業では、固定客の他企業への流出防止を目標に掲げますが、思ったほどに実現しません。それは企業と顧客の間に、買う側と売る側の立場を感じさせない共有の関係づくりがあまり進んでいないからです。

　共有の関係を深めるためには、顧客のココロに届くメッセージを、顧客接点のスタッフから発信する事が有効です。それに最も適しているのが、購入直後に届ける「パーソナルお礼メッセージ（＝お客様一人ひとりの個人的な内容を含んだメッセージ）」です。

　メッセージの内容は購入のお礼に加えて、その顧客ならではの購入商品のメンテナンス・使い方のアドバイスなどです。飲食店では、顧客の満足度が高かったメニューについて、素材・調理法へのこだわりなどを伝えます。メッセージは親しみと気遣いを感じるソフトな文面にします。

　あるアパレルショップでは、購入客に「フレンドリーな挨拶（来店お礼）」「購入した商品を選んだ顧客の目の確かさ（お目が高い♪）」「コーディネートの仕方」をベースに、毎回パーソナルお礼メールをしています。コストを掛けずにお店の外でも共有場面を作っています。

共有のMA展開「アンケート＆返信メッセージ」

　高額品（住宅・ブランド時計・高級家具・自動車等）を販売する企業では、MAを活用して記念日を起点としたアプローチが行われています。自動的に記念日（顧客の誕生日、購入のちょうど１年後）に、メールをお送

りし、担当のスタッフから電話又は個別メールをします。購入商品の現在
の使用状況をお聞きします。喜んで使っているのであれば、喜びを共有で
きますし、もし疑問・不安があれば、対応します。

　例えば、高級家具店では、納品からちょうど1年後にMAを活用して
メールを送ります。その後、担当スタッフから電話をし、購入した家具を
今、どのように活用いただいているか、お聞きします。高級家具を購入す
ることの素晴らしさを分かち合い、共有します。希望があれば、最新のカ
タログをお送りするアプローチができます。

共有のイベント/販促「自己実現イベント」

　「自己実現イベント」は、扱っている商品・サービスをベースにしつつも、
人としての深い欲求を共有するイベントです。

　心理学者マズローの欲求段階説によると、人間には6つの欲求がありま
す。①生理的欲求、②安全欲求、③所属と愛情の欲求、④尊重の欲求、⑤
自己実現の欲求、⑥コミュニティ発展の欲求です。①～⑥の順番で段階的
に満たされていきます。ここでいう自己実現は、概念的に広く捉えていて
③所属と愛情の欲求、④尊重の欲求、⑤自己実現の欲求、⑥コミュニティ
発展の欲求を指しています。

　例えば、各企業が行っているクラブ組織は③所属と愛情の欲求を、ある
テーマを設けてWEB上で写真投稿を募集・公開しているイベントは④尊
重の欲求を、顧客が競い合う大会イベントは⑤自己実現の欲求を、購入金
額の一定割合を慈善団体に寄付するイベントは⑥コミュニティ発展の欲求
を、刺激した自己実現イベントです。

　人としての深い欲求を顧客と共有できれば、顧客との関わりは一気に深
まります。

共有の量が大事

　先ほど、共振量が少な目の自動車ディーラーの話をしましたが、ここで
は共有量が少な目のお医者さんの話をしたいと思います。

　8年前のある日、足の裏がとても痛くなりました。普通に歩けないくら

い痛いのです。足の全体が腫れていたので、整形外科に行ってレントゲン
を撮ったところ、足底筋膜炎と診断されて薬をもらって治療していたので
すが、なかなか治りません。それから3ヵ月後、健康診断で尿酸値が高い
ことがわかり、すぐに内科に行ったら、足の痛みの原因が「痛風」である
ことが判明し、薬を飲んだらすぐに痛みが引いたのです！

　次の日にお医者さんに痛みが消えたことを喜んで報告したのですが、
返ってきた答えは「薬を飲みましたからね」と。私としては痛みが消えた
ことを喜び合いたかったのですが……（笑）。通常のビジネスですと、こ
れではまずいですね。

　顧客との関わりを深めるために、企業として共有量を増やす活動を前へ
進めることが大事です。

┌─ コ ラ ム ─┐

「ウチの会社は、基本ができていない」という呪縛

　一年前にある大手企業から問合せをいただきました。

　担当の方が、私の著作である『10年顧客の育て方』を読んでくれたのです。ヒアリング後、10年顧客プロジェクトのご提案をしたのですが、役員の方が「まだウチは基本ができていないので…」と仰り、本部のコールセンターに入ってくるクレーム事例を、詳しくお話くださいました。

　リアルな顧客接点を持つ企業のコールセンターには、顧客の喜びの声はあまり入ってきません。直接、顧客接点のリーダー・スタッフ本人に伝えるからです。コールセンターに入ってくる情報はネガティブな内容が中心になります。その傾向を意識せずに受け止めると、「ウチの会社は、基本ができていない…」という顧客接点の過小評価へ繋がります。

　そんな過少評価をベースに「基本活動の徹底」を掲げて改善しようとしても、顧客接点で働く人からすると「今でもできているよね…」という認識になり、改善に結びつかない場合がよくあります。本部の顧客接点の過少評価が現場の停滞を招いてしまうのです。

　新しい時代にあった活動を提案し、顧客接点の成長を促しましょう。成長が基本活動の徹底にも繋がります。

第3部 顧客戦略の実務 STEP 6

顧客接点で、顧客戦略がリズムよく廻り続けるために大事なこと

顧客接点の
チームRPDC

　STEP 4「顧客戦略の教育プログラム」、STEP 5「顧客接点の活動実践」を進めれば、一見ぬかりなしと思えるかもしれませんが、顧客戦略は顧客との繋がりを継続的に深めていく取り組みです。顧客との関係の継続には、顧客接点が"リズム良く廻り続ける"ことが不可欠です。そのために必要な内容をSTEP 6「顧客接点のチームRPDC」でお届けします。

　具体的にはチームワーク、PDCAについて伝えますが、テーマ自体は他の書籍でもよく語られているものです。本書では顧客戦略を進める顧客接点ならではの問題点と、それを解決していく考え方・実務をお話します。

　同時に、その背景にあるこれからの時代に求められている「リアル価値の認識」「データの解析力」「仮説構築力」「組織のフラット化」「新しい働き方」「情報のリアルタイム共有」「KPI」についても触れていきます。

顧客接点のチームワーク

顧客戦略は、どんなチームの形と相性が良いのか？

　RPDCの具体的な説明の前にお話しておきたいことがあります。顧客戦略のRPDC推進にあたって「顧客接点の組織はどうあるべきか？」「顧客接点のリーダーとスタッフはどんなチームが理想なのか？」についてです。❷以降で説明する「R」「P」「D」「C」の説明の前提になっているので先にお伝えします。

戦略によって違う、顧客接点の組織イメージ

　顧客戦略を進める顧客接点は、どんな組織が望ましいのでしょうか。顧客戦略の推進は、リーダーが旗振り役になって前に進めますが、それだけでは進みません。スタッフに積極的に取り組んでもらうことが大切になり

顧客接点の組織イメージの違い

	マス戦略が進めやすい顧客接点の組織	顧客戦略が進めやすい顧客接点の組織
マーケティングの中心的役割	新規顧客の獲得を中心とした売上の獲得	顧客の育成を中心とした顧客数アップ
重要な場面	リーダーが取り組む販促/仕掛け	顧客と接するすべての場面
スタッフの役割	リーダーの指示を的確に実施する人	リーダーの理想に共感して協力する人
求められる組織の形	階層的なチーム	チームとしての組織
スタッフの存在	大切なものの一つ	最も大切な存在

す。顧客戦略は、顧客と接するすべての場面が大切になるからです。

　スタッフは、リーダーから言われたことをただ実行する人ではなく、リーダーの理想に共感して、協力してくれる人です。顧客戦略に合っている組織は、階層的な組織というよりは、お互いの立場がフラットなチームをイメージします。マス戦略の組織とは違います。

マス戦略を進めやすいチーム vs 顧客戦略を進めやすいチーム

　マス戦略も顧客戦略も、顧客接点において一つの組織として取り組むことが大事なことに、変わりはありません。ただどんなチームの形と相性が良いのかは違いがあります。

　マス戦略を進めやすいチームは、「リーダーが先頭を走り、スタッフが付いていく形」です。リーダーが売上目標を掲げ（例えば「ある商品を○○個売ろう！」）、スタッフはリーダーの指示に従っていく形です。

　マス戦略が求めているリーダー像は、スタッフを引っ張っていける、スタッフが付いていきたいと思えるリーダーです。

　一方で、顧客戦略を進めやすいチームは、「リーダーを中心に、スタッフと一緒にチームで前に進む形」です。リーダーが未来像を掲げて（例えば「お客様一人ひとりと繋がりを深めていこう！」）、すべてのスタッフと心を重ねる部分を増やしていくことを大事にします。マス戦略と違って、顧客戦略は、顧客と接するすべての場面が重要になります。スタッフは、リーダーの指示通り動く人というよりは、リーダーの理想に共感して協力してくれる人です。リーダーとスタッフの距離が近いです。

　顧客戦略が求めているリーダー像は、スタッフに貢献する、スタッフの成果・成長が喜びと感じるリーダーです。そんなリーダーは20代・30代のスタッフから受け入れられやすいでしょう。チームの形に唯一の正解はありませんが、顧客戦略が前に進みやすい、今の時代に合っているチームの形はあります。

マス戦略が進めやすいチーム

**リーダーが先頭を走って、スタッフが付いていく。
リーダーはあるスタッフと心を重ねる。**

顧客戦略が進めやすいチーム

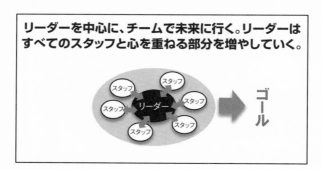

**リーダーを中心に、チームで未来に行く。リーダーは
すべてのスタッフと心を重ねる部分を増やしていく。**

PDCAではなく、RPDCである理由

　❷からRPDCを１つひとつ解説していくのですが、RPDCよりもPDCA
の方が馴染みがあると思います。計画を立てて（Plan）、実践して（Do）、
振り返って（Check）、改善していく（Act）一連の流れです。本書もこの
考えをベースにしていますが、これからの時代の顧客戦略を考えたとき、
「RPDC」という考え方に行き着きました。PDCAとの違いは、Rがついて
いる点と、Aがなくなっている点です。

　「R」はリサーチ（Research）です。本来は計画（P）の中に入ってい

るのですが（計画を立てる前に一定のリサーチをしますよね）、顧客戦略では特に重要なので、意識を高めるために外に出しました（PDCAの前にRを付ける考え方は、データを重視する花王が提唱しています。）。

またRPDCをぐるぐる廻していく中で、毎回の計画（P）は実質的に改善された計画になります。改善（A）は、RPDCの中に内在するので、できるだけシンプルにするために、Aをなくしました。顧客戦略の顧客接点はPDCAよりもRPDCの方が馴染みます。

では「リサーチ（R）」から見ていきましょう。

 # 「リサーチ（R）」のポイント

リサーチ（R）結果の数値に、顧客接点で働くみんなで想いを馳せる。

数年前にネットで見たある日用品メーカーのマーケティング会議の様子が印象に残っています。10個を超えるモニターがあって、グラフ・表が並んでいました。たくさんのリサーチ結果を見ながら、マーケティングの判断をしていました。ダッシュボード、BI（Business Intelligence）、MI（Marketing Intelligence）と呼ばれているものです。飛行機のコックピットをイメージすると分かりやすいでしょう。

顧客接点でも求められる「データの解析力」

成長時代は、顧客接点のリサーチ結果が「売上」「客数」「客単価」「商品別売上」くらいだったので、細かく分析しようと思っても、その素材がなく、現実を数値で細かく把握することができませんでした。

今は「顧客データベース」「顧客数（ランク別）」「購入（来店）頻度」「購入カテゴリー」「離脱率」「プロセス数値（顧客登録数・見積数・契約率等）」「DMの反応」「ミステリーショッパーの結果」「顧客アンケートの結果」

「ホームページのアクセス数・ページビュー・滞在時間」「SNSの友達数・いいね数・シェア数」など、POS・CRM・MA・WEB分析から、沢山のデータにより顧客接点の姿が見えるようになりました。

　リサーチ結果を丁寧に見つめて（＝データを解析して）、今、顧客接点でどんな現実が起きているのか、確かめましょう。そんな多くのリサーチ（R）結果を踏まえて、計画（P）を立てる重要性が高まっています。

リサーチ結果の意識を高めるには？

　リサーチ結果を丁寧に見る顧客接点のリーダー・スタッフがいる一方で、リサーチ結果（数値）に対して関心が薄い人もいます。関心が薄いということは、数値がどんな現実を表しているのか、想いを馳せる時間が少ないということです。

　想いを馳せるとは、どういうことなのでしょうか？「顧客数（ランク別）」「購入頻度」「購入カテゴリー」「離脱率」「アンケート数・見積数」「メルマガ開封率・ランディングページアクセス数」「SNS」を例にお話します。

◇顧客数（ランク別）を見た時に…

　「どのくらいの顧客が、順調に育っているかな？」

　「VIPがそろそろ〇人になる必要があるけど…ちょっと足りないな。どうしてだろう？」

　「そういえば、昨日来店してくれた〇〇さんもAランクの一人なんだなあ」

◇購入頻度を見た時に…

　「どのくらいのお客様が、月に1回以上来店しているのかな？」

　「半年間で3.5回が平均か。昨年よりも下がっているけど、どうしてだろう？」

　「同じ地域のB店よりは良い結果なんだ」

◇購入カテゴリーを見た時に…

　「どのくらいのお客様が、3カテゴリー以上買ってくれているのかな？」

　「最近、〇〇が好調だから、その影響が出ているのかなあ」

　「〇〇のカテゴリーを購入してくれると、他のカテゴリーの商品の購入

に広がっていくなあ」

◇**離脱率を見た時に…**

「どのくらいの顧客が、他店に流れているのかな？」

「最近、離脱が少なくなっている。接客力の向上が効いているのかも♪」

◇**アンケート数・見積数を見た時に…**

「今月のアンケート枚数は、どのくらい増えたかな？」

「アンケート枚数が増えたのは、今月からコーヒーを出したタイミングで、アンケートをお願いするように変えたからかな」

「逆に見積書の数が減っているのは、どうしてだろう？」

◇**メルマガ開封率・ランディングページアクセス数を見た時に…**

「メルマガの開封率が少し上がっている。テーマとタイトルがよかったのかな」

「ランディングページのアクセスが少なくなっている。SNSとの連動を考えようかな」

◇**SNSの数値を見た時に…**

「今月、ツイッターのフォロワー数は、どのくらい増えたのかな？」

「最近、投稿記事のシェアが減っているんだなあ。写真の質の問題かも…」

　数値の背景には、顧客の思考・行動、スタッフの想い・活動・努力があります。数値から顧客接点の数々の場面・シーンに想いを馳せることができれば、数値はだたの数字ではなくなります。数値への関心が薄いのは、このような数値の見方をしていないからです。

　「数値の意識を高める」「経営者目線で数字を見よう」と伝えるよりも、「リサーチ結果の数値に時間をかけて想いを馳せよう」と顧客接点のリーダー・スタッフに取り組んでもらうことで、リサーチ（R）の意識・レベルは上がっていきます。

数値を把握する vs 数値に想いを馳せる

　一般的には数値を「把握する」という表現を使うことが多いですが、こ

こではあえて「想いを馳せる」という表現を使っています。少し違和感がある人もいると思いますので、理由を説明させてください。

「馳せる」とは、STEP 5でも少し触れましたが、「遠く離れていること（自分とは距離があること）について、いろいろと想像すること」です。ふるさとに想いを"馳せる"、親友・恋人に想いを"馳せる"といった時に使います。「今、どうしているんだろう？」という感じでしょうか。「想いを馳せる」ことは「想像すること」を意味します。

一方で「把握する」という言葉は「しっかりと掴むこと。しっかりと理解すること。すべてを知ること」を意味します。「数値からすべてを知る」ことはできないですよね。数値は現実に起きている場面・シーンを、ある基準を持って数えたものだからです。

数値を見て「把握する」ことはできないかもしれませんが、「想いを馳せる＝想像する」ことはできます。馳せることを積み重ねた先に、把握できる範囲が増えていきます。

また「数値を把握する」と聞くと、ちょっと肩に力が入りすぎるような、緊張するような感じがしませんか。一方で「想いを馳せる」は、少しココロが軽くなって、楽に考えられる感じがしませんか？「リサーチ結果の数値に想いを馳せる」ことは、顧客接点のリーダー・スタッフにとっても、心の負担が少なく、ずっと続けられることです。

数値の再定義、カタカナを日本語に

さらにさまざまな数値に想いを馳せやすくするために、ポイントになるのが、数値の意味を顧客接点の現実をかえりみて再定義することです。

例えば、売上は一般的に「客数×客単価」で表されますが、現実は「売上＝顧客の喜び・期待の量」と定義した方が、現実に近いかもしれません。顧客はただ自分の喜び・期待を胸に、商品・サービスを購入しただけで、企業の客数・客単価を上げるために購入している訳ではないからです（当たり前ですが）。売上はそんな1人ひとりの顧客の喜び・期待をすべて足したものです。売上をそんな風に再定義すると、売上に想いを馳せることが愉しく感じられませんか。

　またカタカナは日本語でかみ砕きます。「コンバージョン率＝WEB店舗来店客の中で購入した人の割合」といったようにです。本部用語・専門用語をそのまま顧客接点で働く人に向けて使うと、理解が深まらず、想いを馳せづらくなります。

理想的なのは、顧客接点で働くみんなでワイガヤ

　リサーチ結果の数値をテーマに、顧客接点で働くみんなで、ワイワイガヤガヤ話し合えるのが、リサーチ（R）の段階で望ましい姿です。リーダーが（眉間にシワを寄せて…）一人でリサーチ結果を見て、考えて、悩むのは、ちょっと古いかもしれません。

　顧客接点のリーダー・スタッフが１つのチームになって、RPDCを進めていきます。最初の「R」からチームで進めましょう。毎月のミーティング、週のミーティングにリサーチ結果の数値に想いを馳せる時間を入れます。思ったこと、浮かんだ考えを一人ひとり話してもらいます。ここが「P計画」のプロローグになります。

3 「計画（P）」作成の流れ

計画（P）を、顧客接点のリーダー・スタッフみんなで考える。

　リサーチ（R）で、顧客接点でどんな現実が起きているのか想いを馳せるなかで、リーダー・スタッフからいろいろな改善アイデアが湧いてきます。そんな改善アイデアから、実践に移す計画を立てるのが「P」です。

あらためて計画の重要性を確認しよう

　これから計画の立て方についてお話をする前に１点、確かめておきたいことがあります。計画の重要性についてです。どうして計画が大事なのか、

顧客接点のチーム全員の共通認識にしておくことです。

　共通認識になっていないと忙しくなった時に、おおざっぱに計画を立てたり、計画を立ててもあまり大事にしなかったりします。計画が弱くなると、昨月・昨年と同じような活動を実践することになります。顧客との関わりが深まっていきません。顧客戦略が実態的に前に進みません。顧客からみると変わっていないからです。

　なぜ計画を立てるのか？それは、「今よりも顧客との関わりを深めるために新しい活動をするため。新しい活動とは"今までやったことがない活動をすること"と、"今実施している活動の完成度を高めること"」です。それを顧客接点のチーム全体の共通認識にすることが、「計画（P）」でまず大事なことです。

リサーチ（R）に引き続いて、計画（P）もチームで進める

　リサーチ（R）の段階で、顧客接点のリーダーとスタッフみんなが一緒に話し合うことをおすすめしましたが、計画（P）段階ではより一層重要です。リーダーが自分だけで計画を立てると、実践段階でチーム一体となって取り組む雰囲気になりづらいからです。スタッフに計画を立てる場面から参加してもらいます。

　特に、接客を基本にした店舗では、来店した時に顧客の担当スタッフがいない場合がよくあります。その時に他のスタッフ（時にはアルバイト・パートさんの場合もあるでしょう）の対応が一定レベル以上でないと、顧客との繋がりが深まっていきません。すべてのスタッフの意識が大事です。計画はチーム全員で立てた方が良いのです。

　以前、ずっと一人で計画を立てていたリーダーに、チームで計画を立てるスタイルに変えてもらいました。「自分一人で考えるよりもスタッフの意見を聞いて、みんなで話し合って計画を立てる方が、一体感が出て雰囲気良く活動を進めることができた。顧客との繋がりが深まった」そうです。

　顧客接点のリーダーの仕事は、精神的に厳しいものがあります。そんな日々のなかで、たった一人で計画を立てるのは大変です。チームでスタッフと一緒に計画を考えると、時間はかかりますが、気持ちに余裕が生まれ

ます。リーダーが仕事を抱え過ぎないようにするためにも、顧客接点の計画はチームで一緒に考えるスタイルを基本にします。

　また、組織のフラット化という時代の流れに合わせていく必要からも、計画をみんなで立てます。一般的に顧客接点に近ければ近いほどに若い人が増えていきます。時代の流れをスピード感を持って、受け止めることが求められます。

計画を立てる時間軸

　計画はどんな時間軸で考えれば良いのでしょうか。企業・業種によって変わってきますが、「年」「3ヵ月」「月」という3つの時間軸が基本になるでしょう。以下のような形をイメージしてください。
◇年に1回（丸1日）、今年1年の計画をチームみんなで一緒に立てます。
◇3ヵ月に1回（3〜4時間）、「実践した3ヵ月の活動の振り返り」「今後3ヵ月の計画」をチームみんなで一緒に立てます。
◇1ヵ月に1回（1〜2時間）、「実践した1ヵ月の活動の振り返り」「次月の計画」をチームみんなで一緒に立てます。

年間の計画ミーティングの日程を決める

　計画をチームみんなで立てる上で、欠かせないのが、ミーティングです。ただ、大事だと分かっていても、毎日の活動で忙しいなか、後回しになってしまうのも、ミーティングです。そこでおすすめなのが年間のミーティングの日程・時間・場所を、あらかじめ決めてしまうことです。

毎月の計画（P）作成 3STEP

　ここでは毎月の計画作成にあたって、大切な3STEPのディスカッションについて説明します。今月の目標を確認した上で「STEP 1：意見を出してもらう」「STEP 2：意見を熟成する」「STEP 3：意見をまとめる」という流れで行います。
STEP 1：意見を出してもらう
　すでにリサーチ（R）の段階で、計画についていろいろなアイデアが出

ている可能性がありますが、リーダーも含めてアイデアをスタッフ一人ひとりフセンに書いて、順番に発表してもらい、フセンを貼っていきます。

　この時はテーマを提示した方が考えやすいです。各企業によって考えやすいテーマは異なります。例えば、A社では「接客」「売場」「ツール」「SNS」「ホームページ」「CRM/MA」、B社では「新規獲得」「既存客育成」「固定客維持」、C社では「お出迎え」「ヒアリング」「商品紹介」「会計」「お送り」「フォロー」といったテーマが考えられます。

STEP 2：意見を熟成する

　出た意見を整理する段階に入っていきます。スタッフ全員で並んだフセンを眺めてみます。企業視点で考えると手間がかかることはやらないで、今までとあまり変わらない計画に落ち着く傾向があります。「○○さん、お客様にとって、嬉しいプランはどれだと思いますか？」「その計画を選んだ理由は何ですか？」など適切な質問をして、顧客との関わりが深まる方向にディスカッションが進むように促します。

STEP 3：意見をまとめる。数値目標（KPI）を設定する

　最初はリーダーが自分の意見（難易度が中くらいのアイデアが良いでしょう）を言います。続いて、参加している各スタッフに、「どの計画を実践したいですか？」など意見を聞いた上で、まとめます。意見がまとまらない場合は、最終的にはリーダーが計画を決めます。

　続いて決めた計画について、数値目標（KPI）を設定します。活動の「実践数」「獲得数」の場合もあれば「率」の場合もあるでしょう。最適なものを2〜3つ設定します。カスタマージャーニーで設定したKPIを参考にしましょう。

ディスカッションの雰囲気に気を配る

　3つのSTEPのディスカッションを活性化させるために、スタッフに「安心感」と「リラックス感」を持ってもらいましょう。顧客接点のリーダーは、計画（P）のディスカッションの雰囲気に気を配ります。

今「実践(D)」で大事な事

顧客接点のチームみんなで、リズムよく計画を実践していく！

　「計画（P）」した事を「実践（D）」する段階で大事なこと、それはリーダーを中心に、チームでリズム良く計画を実践することです。

　それは分かりつつも、ノリ良く進めることを阻む4つの問題点があります。「リーダー自身の働く悦びの捉え方が古い」「活動を実践する理由が成長時代のまま」「情報共有のタイミングが遅くて広がらない」「新しいITツールを活用することへの抵抗感」です。この4点について解決策を提示します。

問題点①　リーダー自身の働く悦びの捉え方が古い
→【解決策】共振・共感・共有をベースにした新しい現場リーダーに。

　今、自社の顧客接点のリーダーは、働く悦びをどのように捉えているのでしょうか。

　一定の収入・労働環境、良好な人間関係、いろいろあると思いますが、あえて1つだけ挙げるとしたら「達成感（＝あることを成し遂げたことによって得られる満足感）」ではないでしょうか。達成感は時代を超えて、私達に働く悦びを与えてくれます。

　この「達成感」をキーに、成長時代、低成長時代、これからの時代に分けて、リーダーの「働く悦び」について考えてみましょう。

・成長時代のリーダーの達成感（＝働く悦び）

　成長時代のリーダーは、どのように「達成感」を得ていたのでしょうか。会社が立てた売上目標という成果を、みんなで頑張って実現させることで、達成感を得ていました。市場がドンドン拡大しているので、今と比べると、売上目標の達成も実現しやすかったでしょう。成長時代の達成感は「みんなで頑張ることによる成果（売上）実現からの達成感」でした。俗に言う"体育会系"的な価値観でした。それが働く悦びでした。

・低成長時代のリーダーの達成感（＝働く悦び）

　低成長時代に入ると、みんなで頑張っても会社から与えられた売上目標に届くことが、少なくなってきます。そんな厳しい時代の中で、どのように「達成感」を得ていたのでしょうか。顧客接点のリーダーは自らの能力を高めて成長し、成果まで行き着くことで、「達成感」を得ていました。個人のスキルアップが注目されるようになったのもこの頃です。低成長時代の達成感は「リーダー個人の成長による成果からの達成感」になっていきました。それが働く悦びでした。

・これから時代のリーダーの達成感（＝働く悦び）

　では、これからの時代にリーダーは、どんな形で「達成感」を感じればいいのでしょうか。低成長時代よりもさらに売上目標の実現が難しい時代です。そんなこれからの時代では、売上目標の実現で達成感を得ることをベースに置くのではなく、「共振・共感・共有」という価値観を軸に据えて、働く悦びを感じることが大事になっています。「顧客接点の心掛け」「顧客接点の活動実践」と同じ切り口です。

　「共振」は、顧客接点のリーダーが会社や自分の価値観（考え方・捉え方）を提示して、「そういう考え方なんだ〜」と、一緒に働いているスタッフに感じてもらうこと、知ってもらうことです。「共振」は会社の理念・方針を、顧客接点レベルで大事にしていくことに繋がっていきます。

　「共感」は、リーダーがスタッフの意見や気持ちに「そうなんだ〜」「なるほど」と深く感じ入ることです。「共感」は、この時代に働く多くの人が求める承認欲求（＝他人から認められたいとする感情）を満たすことに繋がります。

　「共有」は、顧客が望んでいることを、リーダー自身も含めて働いているスタッフみんなで協力して、実現していくことです。ここでの「共有」は、マズローが唱えた自己実現を超えたコミュニティ発展の欲求を満たすことになり、高い達成感を得ることができます。

　「共振・共感・共有」という価値観を軸に、スタッフと一緒に地域・社会・コミュニティ発展に貢献していくことで、顧客接点において達成感が積み重なり、高いモチベーションを維持できます。売上目標という成果の安定

実現に繋がっていきます。

　これからの時代の「働く悦び」は、「リーダーの共振・共感・共有の価値観による安定した成果による達成感」になっていきます。「共振・共感・共有」の感覚を持ったリーダーが、これからの時代に顧客戦略を進め、顧客との繋がりを深めていきます。

問題点②　活動を実践する理由が成長時代のまま
→【解決策】顧客との繋がり、地域・社会への貢献を活動理由の中心に。

　働く悦びが変わっていけば、活動を実施する意味も変わっていきます。顧客との繋がりを深めるため、さらに地域・社会のためを実践（D）理由の中心に据えましょう。売上を上げるためというよりは、結果として売上が上がるという考え方です。

　いまや顧客接点で働くことは、地域・社会への貢献という要素も含めて考える時代になりました。STEP 1で紹介しましたが、自分の仕事が社会に役立っていると思っている人の75％が、仕事にやりがいを感じていました。一方で、自分の仕事が社会に役立っていないと思っている人は、25％しか仕事にやりがいを感じていませんでした。

　計画（P）した活動を実践していくなかで、時には立ち止まってしまうことがあるかもしれません。その時にリーダーからスタッフに、活動を実践する理由を、その時代にあった価値観で伝えていくことは、顧客接点の実践力を高めることになります。

問題点③　情報共有のタイミングが遅くて広がらない
→【解決策】情報をリアルタイムでキャッチして、広げる。

　一つの企業で顧客接点が複数ある場合、実践している活動について、できるだけ早く情報（成功事例・失敗事例）を共有することが、実践（D）レベルを引き上げます。

　ネット通販の場合は、基本的に本部がすべての顧客接点を把握できますが、リアル拠点が複数ある場合は、社内のSNS・共有サイトを活用して、行います。ネットの活用が鍵を握ります。顧客接点のリーダーがネットで

情報を確認し、広げる情報を選んで、朝礼・ミーティング・バックヤードの掲示等を活用して確実に情報を広げます。ネット活用が大事なのですが、それだけでは広がりに限界がありますので、注意が必要です。

問題点④　新しいITツールを活用することへの抵抗感
→【解決策】ハードルを設けて、先生役のスタッフを付ける。

　これからの顧客戦略は、ITツールの活用が重要になっています。「CRMシステムを活用した既存顧客へのフォロー」「MAを活用した発見した有力な見込客に向けたアプローチ」「顧客との共感・共振・共有を育むSNS」等です。

　業務システムは、仕事上必ず使う必要がありますが、CRM・MA・SNSは、使わなくても仕事がまったくできない訳ではありません。教育プログラムで、CRM・MA・SNSの必要性、操作方法は伝えても、ITに苦手意識があるスタッフは、そもそもあまり触れたがりません。

　まず毎日触ってもらうこと（ex. 1日3分）からスタートします。続いて1ヵ月ごとを目途にどこまでできるようになるか、初級・中級・上級といった形でハードルを設けます。ITが苦手なスタッフに先生役のスタッフを付けて、分からないところをフォローします。3ヵ月後には、ITツールへの抵抗感がかなり少なくなります。

5 「振り返り（C）」の2つの軸
丁寧に振り返りを行って、次のRPDCに繋げる。

　顧客戦略の顧客接点に関わって15年になりますが、多くの顧客接点であまり丁寧に行われていないのが「振り返り（C）」です。月1回のミーティングでも、売上状況の確認と次月の活動、連絡事項中心のミーティングが

よくあります。どうして振り返りが今一歩丁寧に行われないのか、原因は分かっています。丁寧な振り返りをしなくても、来月の（短期的な）売上とあまり関係がないからです。丁寧に実施しないと、すぐに売上ダウンに繋がる計画（P）と実践（D）とは違います。

　ただ、丁寧な振り返りを行うと、活動の完成度が確実に上がります。顧客が喜ぶ場面がだんだん増えて、顧客との繋がりが深まっていきます。活動の完成度を少しずつあげて、顧客接点が成長し続けるために丁寧な振り返りは必須です。

「活動内容（顧客の反応・感情）」と「数値（KPI）」の2軸

　顧客戦略の丁寧な振り返りとは、計画（P）で立てた活動について、「活動の内容（実践した活動の詳しい内容、顧客の反応・感情はどうだったのか？）」、「数値の成果（活動がどれだけ実践できたか、成果にどのくらい繋がったのか？）」を両方とも振り返ることです。「活動の内容」だけでは自己満足に陥る可能性がありますし、「数値の成果」だけでは成果の源になった活動の完成度アップが、軽視されるからです。

「活動内容（顧客の反応・感情）」の振り返り

　活動内容の振り返りは、顧客の反応・感情をベースにします。そこで分かりやすいのが、顧客が心地よくなった／喜んだ場面、顧客が今一歩と感じた／残念に思った場面を振り返ることです。

　振り返りは、顧客接点のスタッフ全員で行うのがベストです。活動について顧客が心地よくなった場面、顧客が今一歩と感じた場面をすべてのスタッフが発表します。自分が感じたことを他スタッフに話すことで、自分自身で深く認識でき、さらに他スタッフに新しい刺激を与えることができます。例えば、顧客が喜んだ場面を共有できれば、仕事をしている楽しみを共有でき、経験の浅いスタッフに、仕事の楽しみ方を教えることができます。顧客が残念に思った場面を共有できれば、同じ間違いをしなくなり、みんなで次の改善を考えていくことができます。

　さらになぜ顧客が喜んでくれたのか、残念に感じたのか、その理由を

ディスカッションすることで、他の活動にも良い影響が出てきます。例え
ば、親しみ感のあるツイートの反応がよかったら、接客のアプローチも
もっと親しみのある表現に変えてみようかと、新しいヒントが生まれます。

　このような実践事例は、内容をデジタル化して、全顧客接点で共有する
ことをおすすめします。顧客と繋がりが深まる活動のノウハウが貯まって
いきます。

「数値（KPI）」の振り返り

　計画やカスタマージャーニーで立てた数値目標（KPI）である「実践数」
「獲得数」「率」「成果」を振り返ります。クリアしていればどうしてクリ
アできたのか、行き着けていなかったらどうして行き着けなかったのか、
理由を振り返ります。

　特にクリアした場合、理由をあまり振り返らないことが多いですが、顧
客接点の長所が見える部分です。良い話なので話も盛り上がりますので、
時間をかけて行いましょう。

　理由の深め方ですが、トヨタの生産管理で行われている「5回のなぜ」
の考え方（実務的には2〜3回のなぜですが）を基本に、意見交換を行い
ます。

「振り返り（C）」から次の「リサーチ（R)」へ

　振り返り（C）の内容は、次のRPDCのリサーチ（R）部分に繋がって
いきます。そこから計画（P）実践（D）振り返り（C）へ繋がります。
RPDCが永遠と続いていくのです。

コ ラ ム

どこかでつまずくと、顧客戦略の進化が留まってしまう

　顧客戦略のRPDCはどこかでつまずくと、リズムが悪くなって、顧客と関わりを深めるレベルが留まってしまいます。リズムが悪いと感じた時に、プロジェクトメンバーはどこでつまずいているのか、神経を尖らせる必要があります。つまずいている場所が分かれば、対策を講じることができるからです。以下代表的なケースを挙げてみました。自社の顧客接点を思い浮かべて、確認しながら読んでみてください。

- ●リサーチ（R）でつまずくのは、顧客戦略を進めるなかで増えたリサーチ結果の数値を、消化しきれていない場合が多いです。顧客接点で働く人達に、どんな数値に着目しているか聞き、あいまいな言葉が返ってきたら…黄色信号です。
- ●計画（P）でつまずくのは、実施している活動のなかで、どれを重点的に実施するのか、リーダーがはっきりと決めていないケースです。リーダーに今月の重点活動を聞いてみて、あいまいだったら、つまずいていることが多いです。
- ●実践（D）がノリよく進んでいない場合は、活動の意図・狙いが、スタッフの心に落ちていないケースが多いです。スタッフに、重点的に実施している活動の狙いを聞くと、状況がわかります。
- ●振り返り（C）でつまずいているのは、月度のミーティングに参加するとわかります。ミーティング時間が短すぎたり、リーダーがほとんど話していると、チームで振り返りが行われていない可能性が高いです。

　自社のRPDCの盲点を把握することで、「四半期・半期ごとに、RPDCのリズムが良くなっていく」理想的な形を作ることができます。「派手な成功事例」「新しい考え方」「過度な基本重視」などに惑わされて、RPDCの流れが淀まないようにしましょう。

顧客戦略が、企業の中で定着していくために進めること

顧客戦略の
継続的な運用

　STEP 6でお話した「顧客接点のチームRPDC」で、顧客戦略の現場浸透が進むのは素晴らしいことです。ただ私の経験上、この流れだけでは、2～3年ぐらいで顧客戦略の積極的な取り組みが終わってしまうケースが多いです。

　述中でプロジェクトが終わったとしても、一定期間、活動が行われていたので、顧客との関わりを深めることに繋がらない訳ではないのですが、顧客戦略の現場の浸透度が、年々上がっていく訳ではないので、本当のゴールまでは行き着けません。

　顧客戦略が企業の中で定着していくために、「人事評価制度との連動」「新教育プログラムの開発」「成功事例の循環」「横のコミュニケーション量アップ」「顧客接点のリーダーとスタッフの関係深化」の5つの展開が後押しになります。

人事評価制度との連動

人事制度との連動は、リーダー・スタッフの継続意欲の土台になる。

　顧客戦略は、「顧客との繋がりを深めていく」という企業の根幹をなす取り組みですが、派手さや盛り上がりに欠けるところがあります。継続的に高い意欲を持ってもらうことが難しいのです。そんな顧客戦略も人事評価と連動させることができれば、顧客戦略の継続意欲に大きなプラス効果をもたらします。

　もちろん人事評価を全面的に変えていくという訳ではなく、顧客戦略に関わる項目を追加したり、既存の項目をリニューアルしていくイメージです。特に顧客接点のリーダー・スタッフの人事評価に、顧客戦略の内容を加えましょう。

人事評価の内容が、マス戦略の時のまま

　顧客戦略を進めているのに、人事評価の内容がマス戦略の時のままだと、顧客接点で働く人達からすると、「本部が実施してほしいと強調しているのは、顧客戦略の実践なのに、評価が以前と変わっていないのは、どうしてだろう…」と疑問を持ちます。この疑問は、顧客接点で、顧客戦略を継続的に進める気持ちにマイナスの影響を与えます。矛盾を感じはじめると、一生懸命取り組みを続けることが段々難しくなります。

顧客戦略を人事評価の内容に入れるメリット

　顧客戦略の活動・意識が人事評価に反映されると、企業として成長して欲しい方向と顧客戦略が進む方向が同じになります。年２回の人事考査は、顧客戦略についてあらためて考える機会になります。「現在の顧客戦略の取組レベル」「次のステップ」を伝えることができます。評価されることで、顧客戦略の継続意欲は維持され、評価されたい力で、顧客戦略の活動の継続に繋がります。

　評価がアップしていれば、顧客戦略を進めることができているという達成感が得られます。

顧客接点のリーダーの評価内容

　リーダーの顧客戦略の人事評価は、4つの視点を既存の人事評価にプラスすることを考えましょう。

　1つ目は顧客との関わりを深める活動を自ら実践するスキル、2つ目は顧客戦略を進めるスタッフを育成する人材育成スキルです。3つ目は顧客戦略に基づいてRPDCを廻していくマネジメントスキル、4つ目は新しい数値目標で、多くの数値の中から顧客戦略ならではのKPIを選びます。

顧客接点のスタッフの評価内容

　スタッフの人事評価に、顧客戦略をスムーズに反映させるのに、最も適しているのは、顧客戦略の活動マニュアルとの連動です。活動マニュアルを構築する段階から、人事評価制度と連動させることを前提に作成します。そのためには3つのポイントがあります。

　1つ目は「進めるべき活動を基本からすべて網羅する（→漏れがなくなる）」、2つ目は「進めるべき活動をナンバーに分けて作成する（→それぞれのナンバーに、どこまで活動ができているか点数を付けることで、評価がやりやすい）」、3つ目は「活動ナンバーごとに初級・中級・上級といったレベル分けをする（→人事制度の等級に連動しやすい）」ことです。

人事評価に組み込む大事さ

　人事評価に顧客戦略の内容を組み込むことは、企業の中で顧客戦略が意識され続ける王道です。最初から人事評価を意識しながらプロジェクトを進めていきましょう。

2 新教育プログラムの開発

顧客戦略を進める中で出てきた課題を、教育で解決していく！

　STEP 4で、さまざまな教育プログラムを紹介しました。プロジェクトスタート時点で必要性が分かっていた教育プログラムは、STEP 4で説明した方法で構築していきますが、運用を進めていくと、当初想定していなかった課題が浮かび上がってくることがあります。

　課題を個別対応でクリアしていくこともあれば、既存の教育プログラムのリニューアルで対応できる場合もありますが、大きな課題が浮かび上がった場合は、追加で新しい教育プログラムを開発します。

新教育プログラム開発で、最初に進めること

　すでに顧客戦略のプロジェクトが動いているので、新しい教育プログラムの開発は進めやすいです。多くの顧客接点を持つ企業では、課題になっているテーマでも、必ずうまく進んでいる顧客接点が存在するからです。

　うまく進んでいる顧客接点の取材から、教育プログラムの開発はスタートします。成功要因をピックアップしながら、根本的なことからテクニカルなことまで、ノウハウを整理整頓します。

新教育プログラム開発のポイント

　取材の後は、3つの点をポイントに、具体的に新教育プログラムを開発します。1点目は課題になっている点を、どうして解決する必要があるのか、顧客接点で働いている人が腑に落ちるように、その理由をテキストと講義で明らかにします。2点目はどんな手順で進めたらいいのか、課題解決のステップと、教育プログラムの参加者が明日から進められると思える活動内容を伝えて、まず最初の実践に導きます。3点目は参加者全員が一体感を持って、みんなで進められるように、実践内容を共有できる仕組みを整えることです。

　ここからは、新教育プログラムの実例を7つ紹介します。追加で行われる新教育プログラムのイメージを、膨らませてもらえればと思います。

「経営理念」をテーマにした教育プログラム事例

背景

■小売業A社では、顧客との関係を深める接客、ポイント販促、会員サービス、SNS等で、顧客戦略を進めていた。

■今よりもスタッフ1人ひとりの顧客接点の活動の完成度が上がれば、顧客戦略が前に進むと考えていた。

■A社には素晴らしい経営理念があり、普段から唱和をしているので、顧客接点のリーダー、スタッフ全員が経営理念を覚えていた。ただ、顧客接点の活動と経営理念が今一歩、繋がっていなかった。

教育プログラム概要

■「顧客戦略を進める！　経営理念の現場化」をテーマに、半年間に全3回の教育プログラムを店長に行った。

■顧客戦略をさらに進めるために、顧客接点のリーダー・スタッフみんなの成長が必要で、そのためには経営理念を軸に、毎日進めている活動を見つめ直すことを提案した。

■経営理念と毎日の活動を、どのように繋げていくのか、異業種の事例紹介、ディスカッションをしながら考えてもらった。

■リーダーだけで進めてもなかなか前に進まないので、店舗全体で進めるために、経営理念をベースにしたミーティングの方法等の具体策を伝達した。

効果

■経営理念が、顧客接点レベルで以前よりも浸透し、喜んでくれる顧客が増えた。再来店、紹介が増えた。

■副次的な効果として、顧客接点で働く人同士のコミュニケーションが増えて人間関係が良くなった。経営陣まで上がってくる人間関係の問題が約半分になった。

こぼれ話

　顧客戦略と経営理念は遠いように思えますが、小売業の場合、経営理念に顧客戦略の根本となる重要なキーワードが示されていることが多いです。顧客戦略を進める中で、経営理念にもう一度立ち返ることで、顧客接点のリーダー・スタッフの成長に繋がりました。また、経営理念の現場化という永遠のテーマに、顧客戦略が貢献できたことは嬉しいことでした。

「チームワーク」をテーマにした教育プログラム事例

背景

■B社では、接客、売場づくり、DM/レター、顧客数の目標管理で、顧客戦略を進めていた。

■顧客戦略は進んでいるが、もう一歩前に進まず、あるレベルで滞っている現実があった。顧客接点を顧みると、チームワークという改善テーマに行き着いた。

教育プログラム概要

■顧客接点のリーダーに向けて、半年間に2回のリアル教育、中間でEラーニングを行った。

■教育内容は、顧客との関わりを深める重要性の再確認。今より顧客戦略を前に進めるために、チームワークが重要になること。「ショップコンセプトの現場化」「初回・2回目・3回目の来店時の重点ポイント」「顧客数の目標管理」という顧客戦略で大事な3テーマを、あらためてチームで進めていくことを提案。

■具体的には、スタッフとのミーティングの進め方、リーダーがスタッフにどのように理解を促すのかのトーク例等、詳しく解説した。

■実践期間中、FAXニュース（4回）、メールによる個別アドバイス（2回）で、講師と参加者が1つのチームになって進めた。

効果

■リーダー、スタッフの顧客戦略を進めるモチベーションの安定化に効果があった。

■チームワークの改善で、再来店率、会員数アップに繋がった顧客接点が

多かった。

（こぼれ話）

業績に対するプレッシャー、働き方改革、コンプライアンスの徹底等、顧客戦略以外でも、顧客接点のリーダーは進める事がたくさんあります。本部から「顧客戦略の実践を進めてください」と促すだけでは、顧客戦略の推進レベルは、一定で留まってしまいます。

顧客戦略は、「自分が、自分が」というよりも、「スタッフみんなと一緒に（One Team）」で取り組んでもらうことで、前に進みます。リーダーのストレスも低減し、スタッフの成長を感じる余裕も出てきます。顧客戦略の推進が一定で行き詰まった場合、チームワークの教育プログラムで、突破口が開けることがあります。

「店舗ビジネスのEC推進」をテーマにした教育プログラム事例

（背景）
■C社ではオムニチャネルを進める中で、顧客戦略の柱としてECの体制を整えていた。
■ただ、ずっと顧客とリアルで接してきた顧客接点のスタッフは、積極的にECに取り組んでくれない状況があった。
■既存顧客をECへと誘導する課題を、教育プログラムで解決することになった。

（教育プログラム概要）
■顧客接点のリーダーを対象に、スタートアップとフォローの2回の教育を行った。
■教育内容は、リアルとネットを使い分ける今どきの顧客の購買行動の理解から、ECへのハードルを下げ、気持ちが整った所で、明日からできるECの紹介トーク、フォローの具体的な活動ノウハウを届けた。
■実践結果を収集して整理し、成功ポイントをまとめ、成功事例を循環させた。

（効果）
■顧客接点で働いているスタッフのECへの心理的なハードルが下がり、

多くのスタッフ・顧客にとって、ECが特別なことではなくなった。
- ■顧客接点によって進み具合はさまざまだが、総体として顧客接点経由の
  EC売上がアップした。

こぼれ話

　全国から集まった成功ポイントをまとめると、セミナーを受けた顧客接点のリーダー自身が、ECへの興味を持って活動を行うこと、スタッフにECのメリットをキチンと伝えることの2点が最も多く、内部の意識が大事なことがわかりました。意識を変えるためには、教育の場が有効でした。
　「ECの積極的な推進は、結局一人ひとりの意識の問題で、わざわざ教育の場を設けなくてもいいのでは」という考えもありますが、逆に意識だからこそ、教育が持つ同調圧力が働き、前に進めることができました。

「販促キャンペーン」をテーマにした教育プログラム事例

背景
- ■新聞社D社の顧客戦略の目的は、購読者（顧客）を増やすこと。そのためには、「新規の獲得」と「既存読者の継続」がテーマになる。
- ■あるエリアの販売店（約15店舗）では、新規の獲得が課題になっていた。
  1週間無料試読キャンペーンを行っており、「試読者の新規契約率アップ」が改善テーマになっていた。

教育プログラム概要
- ■「試読者の新規契約率アップ」をテーマに、スタートアップ、中間、最終という3回セットの教育プログラムを、販売店の実務リーダーを対象に行った。
- ■教育内容は、「明日から進められる試読申込直後のメール文面」「試読紙にニュースレター同封（初日・3日後・1週間後の計3回）」「時代に合わせたクロージング手法」等、10個の活動を提案。各販売店のリーダーが3〜4つの活動を選び、一工夫加えた実践をしてもらった。
- ■中間、最終の教育の場では、各店が実践事例を持ちより、他店の活動から学びを得た。

【効果】

■試読者の契約率は、毎年9月～11月は数値を下げるが、プログラムを実践した年は契約率が上がった。毎年下がる時期に数値が上がったのは成果だった。

■ある販売店では、契約率が2倍近くになった。

【こぼれ話】

　実は、この教育プログラム実施の前も、同じような活動はしていたのですが、実践することと、最後の結果を追いかけ過ぎている傾向がありました。「数値を上げるために仕掛けた活動を実践する、マス戦略のスタイル」でした。今回は「顧客に想いを馳せて実践する、顧客戦略のスタイル」で進めたことで、成果に繋がったというのが、実践した販売店の声でした。

　顧客戦略の活動は、特別なものではないので、「ようするに○○をやればいいんでしょ」となりがちですが、教育プログラムで実践スタイルを顧客戦略寄りに変えたことが、成果に至った要因でした。

「店舗統括（マネージャー）」を対象にした教育プログラム事例

【背景】

■大型の商業施設E社では、本部販促担当と顧客接点のリーダーが中心になって、顧客戦略を進めていたが、顧客接点のリーダー/スタッフが、日頃最も接する店舗統括（マネージャー）の顧客戦略への関わりが薄かった。

■各顧客接点の業績に責任を負っている店舗統括（マネージャー）に、顧客戦略の重要性や指導方法を、教育で伝えることにした。

【教育プログラム概要】

■スタートアップ教育、3カ月の実践、フォロー教育を実施。

■教育内容は、これからの時代に求められる店舗統括（マネージャー）の姿、顧客戦略のノウハウを持つことの重要性、具体的に顧客接点の活動内容へのアドバイスポイントを21個伝達した。

■参加の店舗統括（マネージャー）が、重点サポート店として3店を選定し、3ヵ月間、顧客戦略の浸透支援を行った。

■フォロー教育で実践状況を共有。成功ポイントを共有した。

効果

■店舗統括（マネージャー）と顧客接点のリーダーが一緒に、顧客戦略の活動を話題にし、実際に取り組んだことで、顧客戦略が進んだ。

■顧客接点で顧客戦略を進める感覚を、店舗統括（マネージャー）が身に着けていくキッカケになった。

こぼれ話

　店舗統括（マネージャー）にとって一番の関心事は、毎月の売上達成であり、短期的な視点の仕事がメインになります。一方で顧客戦略は中長期の視点になります（正確に表現すると、顧客戦略は中長期の視点を持つことで、安定的に短期の実績を積み重ねて、中長期の実績を出す戦略です）。相性が今一歩なのはしょうがないとして、店舗統括（マネージャー）に顧客戦略について、教育で丁寧に伝えることで、意識が高まりました。

「教育担当」を対象にした教育プログラム事例

背景

■小売業F社には、顧客接点の教育を行っている部署がある。日常的に顧客接点のリーダー・スタッフに会っており、基礎的なおもてなしや重点活動の指導・教育、キャンペーン内容を伝達する役割を担っている。

■日々行われている教育に、顧客戦略の内容を組み込んでもらうことで、顧客戦略の推進スピードが上がるのではという期待から、顧客戦略の教育を行った。

教育プログラム概要

■教育担当に向けて、スタートアップ教育、中間フォロー教育、最終フォロー教育という形で、1年間の教育プログラムを実施。

■教育内容は、共感・共振・共有をキーにした活動が求められている時代背景、活動ステップごと（アプローチ、売場づくり、ヒアリング、商品紹介、購入促進、フォロー）に顧客戦略視点のアドバイスポイントを伝達した。

■担当指導エリアの現状から、特に指導を進めたいアドバイスポイントを

活動ステップごとに１つ選んで、教育活動を実践。

■実践した教育の結果を、フォーマットに基づいて報告してもらい、参加者全員で共有を行った。顧客戦略の指導は、どんな点が勘所になるのか確認できた。

（効果）

■顧客戦略に即した指導で、スタッフの活動が変わり、新規の獲得、次回来店に繋がった事例が多数出た。

■教育担当者が顧客戦略のノウハウを得ることで、教育内容の幅が広がり、顧客接点への指導レベルがワンランク上がった。

（こぼれ話）

　顧客戦略の推進に、教育担当の部署も力を貸してくれることは、とてもありがたいことでした。部署の壁を超えてOne Teamで顧客戦略に取り組むことができました。教育を受け取る顧客接点で働く人にとっても、顧客戦略の教育と、教育担当からの日常的な教育の２つが、別々に下りてくることがないので、分かりやすく、実践も進みやすくなります。

「取引先の経営層」を対象にした教育プログラム事例

（背景）

■メーカーＧ社では、顧客戦略を進めるにあたって、顧客接点を取引先の小売業に委ねている。

■顧客接点を担う取引先の店長・スタッフに教育を行っているが、その上にいる経営層にも、顧客戦略を理解してもらう必要があった。

（教育プログラム概要）

■「今求められているマーケティング、その王道としての顧客戦略」「異業種の成功事例」「経営者目線から見た活動の改善ポイント」「顧客戦略の３大経営メリット」を伝達した。

（効果）

■取引先の経営層の顧客戦略への理解が進むことで、顧客接点で顧客戦略をより一層進める後押しになった。

172

　いくらメーカーが顧客戦略を進めようとしても、小売業の経営層に一定の理解をいただかないと、あるタイミングでブレーキがかかってしまうことがあります。顧客接点を取引先に委ねている場合は、顧客接点のリーダー・スタッフはもちろん、経営層も含めてOne Teamで、顧客戦略を進めていく必要があります。

3 成功事例の循環

成功事例を収集して、共有して、拡散する流れを作り出す。

　"明るい雰囲気をまとって、ノリ良く、広がる"。これは現場に浸透させる戦略ではとても大事なことです。顧客戦略も同じです。"明るい雰囲気をまとって、ノリ良く、広がる顧客戦略"にすることができれば、顧客接点のリーダー・スタッフの意識のなかに定着していきます。

成功事例を循環させる

　顧客戦略が"明るい雰囲気をまとって、ノリ良く、広がる"のに、鍵になるのが「成功事例の循環（収集→共有→拡散）」です。

　顧客戦略が進んでいくと、顧客との繋がりを深めることができた成功事例が、各顧客接点で増えていきます。「顧客に向けた具体的な活動（接客・売場・ツール・イベント・SNS等）」「CRM・MAシステムの活用」はもちろん、「朝礼を通じた"顧客接点の心掛け"の浸透」「KPIを起点にしたRPDC」「チームワーク強化のコミュニケーション」などです。

モチベーションを上げるだけでは続かない

　そんな成功事例を収集できたら、整理して共有して、拡散すればいいだ

けと思いがちですが、そう単純にうまく進みません。「成功事例の循環」
は、企業規模を問わず、多くの企業で取り組んでいますが、成功事例の共
有はできていても、その後、複数の顧客接点で思ったほどには拡散しませ
ん。成功事例の共有がモチベーションアップ（ある顧客接点の成功に刺激
を受けて、他の顧客接点がやる気を出してくれる）としての効果に留まっ
てしまうのです。

　成功事例は、顧客戦略を推進する上で、最高の情報素材ですが、最高の
素材は、それに劣らない料理人の腕があってこそ、おいしい料理になりま
す。残念ながら、多くの企業は、腕のいい料理人になれていないようです。

うまく循環しない理由・拡散しない理由

　なぜ、そうなってしまうのでしょうか。その理由は、成功事例を適切に
整理できていないからです。成功事例がうまく整理できていないと、どん
な場面で使えるのかすぐに分からないので、顧客接点で使われません。

　いくら成功事例がたくさんあっても、自分が欲しい時にすぐに引き出せ
る状況になっていないと、活用しないのが現場です。現場が悪いのではな
く、そういうリズムで動いているのです。結局、参考になる成功事例があ
るのにもかかわらず、今までの自分自身の経験の中から情報を引き出して
しまいます。

成功事例の整理の仕方

　どのように成功事例を整理すれば良いのでしょうか。分類する軸がポイ
ントになります。

　顧客接点の活動については、「接客」「売場」「リアルツール」「SNS」「販
促」「キャンペーン」「5S」等で整理する方法、「来店促進」「お出迎え」「商
品紹介」「クロージング」「会計時」「お見送り」「フォロー」等で整理する
方法、「新規顧客獲得の活動」「顧客育成の活動」「固定客向けの活動」で
整理する方法があります。

　また、「R」「P」「D」「C」という流れで整理したり、「朝礼/終礼」「ミー
ティング」「個別コミュニケーション」等、コミュニケーション系の軸も

考えられます。

　どのように分類するのか、企業・業種によって異なるので私も毎回頭を悩ませています。

成功事例を検索できるサイト

　整理された成功事例は、どのように共有できると、拡散まで行き着きやすいのでしょうか。「成功事例検索サイト」を作成するのが、最も望ましい方法です。情報の検索、情報の蓄積、臨場感のある伝達（動画活用）ができるからです。これからの時代の成功事例の拡散に、「成功事例検索サイト」は欠かせません。

四半期ごとに表彰を実施

　一定量の成功事例が集まり出したら、四半期ごとを目安に、テーマを分けて、評価が高かった成功事例を表彰します。成功事例の循環に協力してくれた人を、一定の頻度で、オープンな場で、会社として正式に認める機会になります。金一封を届けて、食事会等で使ってもらい、チーム意識をさらに高めてもらいます。

4 横のコミュニケーション量アップ

違う顧客接点の間で生まれるコミュニケーションで、チーム意識アップ

　3では、顧客戦略が"明るい雰囲気をまとって、ノリ良く、広がる"ために「成功事例の循環」を提案しましたが、もう一つ進めてもらいたいことがあります。それが顧客接点の横のコミュニケーション強化です。

　代表的な例としては、店舗（＝顧客接点）が複数ある企業の、違う店舗のリーダー同士、スタッフ同士のコミュニケーションの量を増やすこと

です。

顔を合わせるリアルな場の設定

　違う顧客接点（＝店舗）のリーダー同士、スタッフ同士が、セミナー等のリアルな場で顔を合わせる機会を作るのが、横のコミュニケーションを強化するのに最も望ましい形です。お酒が少し入った場で食事を一緒にできればなお良いでしょう。リアルな場が年に1～2度あれば、その後は電話・メール・LINEなどで個別のコミュニケーションを取りやすくなります。

ネット上でも横のコミュニケーション量アップ

　リアルは濃いコミュニケーションが取れる一方で、即時性に欠け、時間とお金がかかります。ネットを活用しましょう。

　具体的には、社内SNSの活用や、WEB会議システムを活用します。ただ「活用しましょう」と呼び掛けてもほとんど活用されないので、テーマは本部が設定します。「最近1カ月で、顧客の反応が一番良かった接客場面は？」「自店一押しの売場」「MAの有効活用」「エンゲージメントが高かった投稿」等です。

　ネットを活用することで、横の繋がりをいつも感じさせてくれます。チームとしての意識を高めます。

一体感を生み出す横のコミュニケーション

　人は上下の関係からは、一体感を感じづらい性質があります。逆に同じ立場の場合は一体感が生まれやすいのです。顧客戦略の推進に、横のコミュニケーションの量を増やすことは強い追い風になります。意識的に作っていく必要があります。

顧客接点のリーダーとスタッフの関係深化

リーダーとスタッフは、どんな点に気を付けて、関係を深めていくのか。

　「STEP 6 顧客接点のチームRPDC」では、顧客接点のリーダーとスタッフがOne Teamになって顧客戦略を進める「チームワーク」に触れました。この項目も同じく顧客接点のリーダーとスタッフがテーマなのですが、ここでは1対1（one-on-one）の人間関係について、お話します。

　人間関係は、顧客戦略の本で触れることではないかもしれませんが、顧客接点のリーダーとスタッフの人間関係の状態によって、顧客戦略が現実的に進むかどうかが、大きく左右されます。あえて本書の最後のテーマにしました。

　具体的には、「スタッフとの接し方、基本9項目」「スタッフを成長に導いて深まる関係」「スタッフの個性の捉え方」についてです。

スタッフとの接し方、基本9項目

　スタッフは仕事の多くの時間を、リーダーと共にします。リーダーは、スタッフを大切な人と考えて、丁寧に接することが基本になります。顧客と同じように、スタッフひとり1人を細やかにケアしましょう。リーダーがスタッフに細やかに対応していないのに、スタッフには「顧客に細やかに対応してください」と言うリーダーが時々います。スタッフの気分が乗らないのは当たり前かも知れません。スタッフはリーダーが自分（スタッフ）に接したように、顧客と接する場合があります。

　顧客接点のリーダーは、スタッフに以下9項目を基本に接します。読んでいただくと今更と思う人もいると思いますが、9項目のどこかが弱いと、スタッフとのすれ違いに繋がり、チーム力が弱まります。顧客戦略は、一定のレベルで留まってしまいます。複数の企業（特に女性スタッフが多い企業）で3ヵ月、リーダーに9項目を意識してもらったのですが、スタッフとの関係改善に役立ちました。

1．一日のはじめと終わりに、スタッフと目を合わせて明るく挨拶する

　挨拶の大事さ・効果を伝えるために、リーダーが1日のはじめと終わりに、1人ひとりのスタッフと目を合わせて、明るく挨拶します。名前を呼ぶ、さらに一言添えることがポイントです。

2．できるだけスタッフといつも笑顔で接する

　間違いを正す時を除いて、スタッフと一緒に仕事をする時、1対1で話す時、ミーティングの時等、いつも笑顔で接しましょう。リーダーがスタッフに笑顔で接することで、スタッフも他のスタッフと、顧客と、自然に笑顔で接することが増えます。

3．スタッフへのお礼（感謝）の気持ちを言葉にする

　スタッフにお礼（感謝）の気持ちを常に持って、それを言葉で伝えます。実際に伝える時は、何に対するお礼（感謝）なのか具体的に伝えます。

4．スタッフとの小さな約束を必ず守る

　リーダーがスタッフとの約束を大切に考えていないと、スタッフもリーダーとの約束、スタッフ同士の約束を大切に考えません。小さな約束だからこそ守ります。

5．自分が間違っていたら、素直に謝る

　約束をどうしても守れなかった時、結果として自分が間違えていた時、リーダーからスタッフに素直に謝ります。リーダーが謝れば、スタッフも謝ることが増えます。多くの場合、一方が100％悪いことはあまりないですが、30％自分（＝リーダー）が悪かったら、先に謝りましょう。

6．スタッフが困っていたら、声をかける

　人は助けて欲しい時、困っているような態度をすることが多いので、気が付いたら、躊躇なく、すぐに声をかけます。

7．スタッフが間違っていたら、まず意見を聞いて、正しいことを丁寧に伝える

　スタッフが間違った活動をしていたら、まずどうしてその活動をしているのか、意見を聞きます。次にどうして間違っているのか理由を添えて、正しいことを丁寧に伝えます。最後に普段の活動を褒めながら、これからも頑張って欲しいことを伝えます。

8．スタッフが以前より上達していたら認める（褒める）

　認める（褒める）時のポイントは、活動している内容をそのまま伝えることです。特別な褒め言葉を使う必要はありません。

9．スタッフの話を聞いてあげる

　スタッフ一人ひとりに「どうしたら、今よりもお客様に喜んでもらえると思いますか？」「今よりも業務が効率化する方法、何か思い付くこと、ありますか？」等、顧客接点について話を聞いてみます。スタッフが言ってくれたことを、今後の改善に活かします。

スタッフを成長に導いて深まる関係

　顧客戦略では、顧客１人ひとりを育てる（関わりを深める）ことを大事にするのと同じように、「スタッフ１人ひとりを育てる（成長させる）こと」も大事にします。スタッフが顧客と接する１つひとつの場面の質が、顧客との関わりの源になっているからです。

　そんな大切なスタッフの成長を実現するために、リーダーが土台として持っておくべき考え方があります。それが、「スタッフの現状を認識しつつも、未来の成長に目を向けること、期待（＝期して待つこと、よい状態を予期して、その実現を待ち望むこと）すること」です。

　そんな期待感を土台にしながら、スタッフを成長に導く重要なポイントが２つあります。「今できている活動がもっとできるようになること（今の活動の完成度アップ）」「今できていない活動ができるようになること（新しい活動）」です。この２つの成長活動テーマは、新人はもちろん、経験豊富なスタッフを成長に導く上でも大切です。

　スタッフごとに進める成長活動テーマは、顧客接点全体で進める活動に比べて、大事にされない傾向があります。その内、本人しか意識しなくなることもあります。そうなると、寂しくなって活動の継続ができません。そうならないようにリーダーは、スタッフ一人ひとりの成長活動テーマを、忘れないように見つめます。半月に１回（５分〜10分程度）は、１対１で落ち着いて、活動内容を振り返る時間を持ちましょう。

　個々のスタッフと成長活動テーマがどのくらい進んでいるのか、振り返

る時間が、リーダーとスタッフの関係を深めます。そんな場面が積み重なると、成長に導いたリーダーと成長したスタッフの間に、強い人間関係ができあがります。

スタッフの個性の捉え方

　顧客戦略を個々のスタッフが進めていく中で、こんな事実に出合います。多くの固定客（ロイヤルカスター）を持つスタッフの中に、クレームも多いスタッフが存在することです。個性が強いスタッフです。スタッフの個性は、顧客戦略の武器になる一方で、足を引っ張ることがあります。ただ、クレームをなくそうと頭ごなしにスタッフを指導すると、個性が失われ、顧客との関わりを深められないスタッフになってしまいます。

　顧客接点のスタッフが顧客との関わりを深めるためには、やはり個性は何事にも変えがたいものです。ただクレームはなくさないといけない……。どのレベルで妥協するのか難しいですが、個性を殺さず、クレームになるほどのマイナスは直していくことが基本になります。

　リーダーは、スタッフが持つ個性（性格／資質）を、まずは肯定的に受け入れてみましょう。はじめの内は、できるだけ個性が活かせる仕事、個性を受け入れてくれる顧客の担当にして、徐々に幅を広げてもらいます。自分の個性を、顧客との関わりを深める武器にできるまで、時間がかかるスタッフもいます。できるだけ、あせらないで長い目で見てあげます。リーダーが諦めると、スタッフも諦めてしまいますから。

　いろいろな個性を持った顧客がいます。できるだけ多くの顧客と関わりを深めるためには、いろいろな個性を持ったスタッフが必要です。

┌─────────┐
│ コ ラ ム │
└─────────┘

顧客戦略プロジェクトと、企業の生体リズム

　企業の中では、顧客戦略以外のプロジェクトがいくつも動いています。各プロジェクトは、短い時間で終わるものもあれば、長い時間をかけて進めるものもあるでしょう。

　一般的に企業は、月・四半期・半期・1年の軸で動いています。1年以内で完結するプロジェクト（1ヵ月間の販促キャンペーン、半年間の経費削減プロジェクト、1年間の商品リニューアル企画など）は、企業の生体リズムと相性が良く、なじみます。

　そんななかで顧客戦略のプロジェクトは、1年を優に超える年を跨いだプロジェクトになります。企業の生体リズムと相性が今一歩です。しかも企業と顧客との関係には、終わりがありません。ずっと続きます。

　顧客戦略が「顧客との繋がりを深める中長期のプロジェクト」であることを、社内で伝え続けて、理解を深めてもらうことが大切です。

　せっかちな経営者・上司からは、「半年ぐらい進めているのに、目に見える成果はまだ出ないの」「ゆっくり進めているねえ（半分嫌味です。）」といった意見が投げかけられることがありますが、もともと顧客戦略は一定の時間をかけて進めるプロジェクトなのです。ただ、そんな原則論を言っても聞いてくれないこともあります。一定の納得を得続けるために、できるだけ数値を使って、途中経過を丁寧に報告することを心掛けましょう。

　丁寧な報告は、双方の顧客戦略の認識を近づけます。経営層・上司とプロジェクトメンバーは、立場は違いますが、顧客戦略をOne Teamで進めていく仲間と考えましょう。

おわりに

「One Team×顧客戦略」で、"幸せ"と"充実"を手に入れる

最後まで読んでいただき、ありがとうございました。

今後に繋がるヒントが1つ、2つ、3つ……と見つかったでしょうか。これから顧客戦略を進める上で参考になった部分があれば、著者として大変うれしく思います。

最後は、「One Team ×顧客戦略」を進めることで、関わる人達が「一人の人間としての"幸せ"」と「一人の企業人としての"充実"」を感じる場面が増えることについてお話します。

1つ目「一人の人間としての"幸せ"」を感じる場面が増える

人の幸せの一つに、人と繋がることがあります。人と繋がりたい、その思いは年齢を問わず、人のDNAに備わっているのではないかと思います。新型コロナ禍の中で、そんな自分の思いをあらためて感じた人も多いのではないでしょうか。リアルな繋がりはもちろん、オンラインも同じで、SNSの盛り上がりは人と繋がりたいからでしょう。

あまり人と付き合いたくないと言う人、人が集まる場所に行くのが苦手な人も、人との繋がりを一切持たない人はいません。どのくらい繋がりたいのかという度合の問題で、自分が心地よい繋がりは持ちたいのが本音でしょう。

私は野球ファンで、よく一人で東京ドームに行くのですが、見知らぬ人と一緒に応援したり、喜んだり、がっかりしたり、人と繋がりたい欲求を自分が持っていることを実感します。野球を見るだけならTV中継で問題ないはずです。音楽のライブに行った時も同じで、みんなと一緒に同じ時間を過ごして、掛け声を合わせたり、盛り上がることで、人と繋がる幸せを感じます。

本書は、One Teamで顧客戦略に取り組む方法を伝えてきました。実際に進めると、顧客と繋がる場面、社内の人同士が繋がる場面が増えます。

具体的には、新しいお客様と出会い、最初はよそよそしかったお客様と徐々に関わりが深まる中で、繋がりを感じる場面が増えていきます。社内においては、「経営層（経営者）」と「本部スタッフ（プロジェクトメンバー）」と「顧客接点で働くリーダー・スタッフ」の３者の繋がりが深まるのはもちろん、経営層同士、プロジェクトメンバー同士、顧客接点のリーダーとスタッフが繋がる場面も増えていきます。

「One Team ×顧客戦略」は、仕事の時間の中で、人との繋がり感じることが増えます。一人の人間として"幸せ"を感じる場面が増えます。

２つ目「一人の企業人としての"充実"」を感じる場面が増える。

「One Team ×顧客戦略」は、人と繋がることで幸せが増えるだけに留まりません。「経営層（経営者）」「本部スタッフ（プロジェクトメンバー）」「顧客接点のリーダー・スタッフ」がそれぞれの立場で、一人の企業人として、仕事の充実を感じる場面が増えます。

経営層（経営者）は、顧客戦略による安定した顧客数のアップが、経営層が担う経営の安定に貢献し、安心感を得ることができます。顧客戦略を旗印に、会社が一体感を持って前に進み、会社全体に活気が出てくることで、仕事の充実を感じます。

本部スタッフ（プロジェクトメンバー）は、顧客戦略という新しいプロジェクトに関わり、担当者として進めることで、自分自身の成長を感じます。企業の根幹になりうる顧客戦略を進めている自分に自負心が芽生え、仕事の充実を感じます。

顧客接点を担うリーダー・スタッフは、顧客戦略を通じた顧客数アップはもちろん、自分の目の前でお客様に喜んでもらえる場面が増えます。さらに、みんなで同じ未来を見て、前に進む中で、One Teamを実感することが増えて、仕事の充実を感じます。

時に顧客戦略に関わる人に、"人の幸せ" "仕事の充実" を語り掛ける

　One Teamといっても、結局は一人ひとりの人間の集まりです。一人の人間は、時にその人以上の力を発揮してくれることもあれば、意見の食い違いや人間関係が絡んで、みんなで一緒に進めると決めたこと、成果に繋がると分かっていることでさえも、熱心に進めてくれない場面があります。

　そんな時には、「一人の人間としての"幸せ"」「一人の企業人としての"充実"」を語り掛けて、顧客戦略への想いを維持してもらえるように導きましょう。

　また、顧客戦略をOne Teamで進めることに、最初から関心が薄い人でも、「一人の人間としての"幸せ"」「一人の企業人としての"充実"」については、関心があります。

人と歩んでいく、顧客戦略

　この本が他の顧客戦略の本と違うところがあるとしたら、"人"に関わることについて、多くの紙面を割いていることでしょう。それは顧客戦略が現場の継続的な成果に行き着くために、究極的には"人の部分"が肝心だと、私が考えているからです。

　顧客戦略に関わるさまざまな立場の人が、顧客戦略に高い関心を持ってくれること、1つひとつのテーマについて丁寧に考えてくれること、リズムよく、ノリよく進めてくれることで、日本の顧客戦略は今よりも前に進む、そう信じています。

　最後に、今回の出版にご尽力いただいた、同友館の佐藤さん、武苅さん、出版プロデューサー小山睦夫さん、私に現場視点を教えてくれた高橋憲行先生、私に教育/コンサルティングの場を与えてくれるクライアント様・店舗様に、この場を借りて、お礼申し上げます。ありがとうございました。

2020年6月　　齋藤孝太

【参考文献】

ジョゼフ・ミケーリ著、月沢李歌子訳『メルセデス・ベンツ 最高の顧客体験の届け方』（日本実業出版社）

遠藤直紀、武井由紀子著（株式会社ビービット）『売上につながる 顧客ロイヤルティ戦略入門』（日本実業出版社）

田中達雄著（野村総合研究所）『CX（カスタマー・エクスペリエンス）戦略』（東洋経済新報社）

高橋憲行著『世界地図思考』（フォレスト出版）

今西良光、須藤勇人著『実践的CXM（カスタマー・エクスペリエンス・マネジメント）』（日経BP）

小池智和著（to Beマーケティング株式会社）『マーケティングオートメーション最強の導入手法』（KADOKAWA）

服部隆幸著『「売る技術」を超える「顧客ケア」の方法』（PHPビジネス新書）

小川共和著『マーケティングオートメーションに落とせるカスタマージャーニーの書き方』（クロスメディア・マーケティング）

〈著者〉

齋藤 孝太 （さいとうこうた）

顧客育成コンサルタント　　株式会社 SIS　代表取締役

　2004年独立後、お客様との関わりを深める顧客戦略に取り組むリアルビジネ
ス企業に向けて、人材育成コンサルティング・研修・講演を行っている。

　クライアント企業オリジナルの教育プログラム・活動マニュアルを、ゼロベー
スから構築し、全社的な展開を通じて、One Team（ワンチーム）で顧客戦略（CX・
CRM）を推進していくことを得意としている。

　顧客接点で働く人達が、会社が目指す顧客戦略の姿（ゴール）を、具体的に
イメージできるように、そしてゴールに近づくために不可欠な顧客戦術（接客・
売場・ツール活用・イベント/ 販促）を、明日から実践できるところまで落とし
込んで、お届けしている。

　著作に『なぜCRMは、現場の心に根付かないのか』『見える化して仕組み化
する、優良顧客を育てる高品質サービス』『店長の気持ちスイッチ33』（日刊工
業新聞社）、『同じお客様に通い続けてもらう！「10年顧客」の育て方』（同文館
出版）等がある。

■㈱SISホームページ　https://sisys.jp　（←顧客戦略のセミナーを定期開催しています。）
■メールアドレス　saito@sisys.jp

2020年7月29日　第1刷発行

One Team × 顧客戦略

©著　者　斎　藤　孝　太

発行者　脇　坂　康　弘

発売所　株式会社　同友館

〒113-0033　東京都文京区本郷3-38-1
TEL.03(3813)3966
FAX.03(3818)2774
https://www.doyukan.co.jp/

一誠堂株式会社／松村製本所
書籍コーディネート：小山睦男（インプルーブ）
Printed in Japan